2017年国家社科基金重大项目“‘一带一路’与
藏传佛教发展研究”（17ZDA203）成果

宗喀大慈宏觉寺

唐蕃古道上的千年古刹

噶尔哇·阿旺桑波　编著

中国藏学出版社

习近平来到位于西宁市城中区的宏觉寺。在寺前院落，宏觉寺民主管理委员会负责人向总书记敬献哈达，僧人提香炉、持宝伞迎接总书记。习近平参观青海省民族团结进步教育基地展陈等，了解寺庙历史沿革、老一辈革命家关心推动民族工作和宗教工作的情况。他走进大殿，听取寺庙加强日常管理、促进民族团结进步等情况介绍。习近平指出，宏觉寺这座千年古刹，在增进历代中央政府与藏传佛教联系方面发挥了重要的桥梁纽带作用。要保护好这份珍贵的历史文化遗产，为铸牢中华民族共同体意识、促进民族团结进步作出新贡献。要向老一辈革命家学习，把新时代党的统战工作、民族工作、宗教工作做得更好。习近平强调，以中国式现代化全面推进强国建设、民族复兴伟业，需要全国各族人民包括广大信教群众团结奋斗。希望青海藏传佛教界弘扬爱国爱教优良传统，促进宗教和顺、社会和谐、民族和睦，在中国式现代化进程中发挥积极作用。

——摘自新华社《习近平在青海考察时强调　持续推进青藏高原生态保护和高质量发展　奋力谱写中国式现代化青海篇章》2024年6月20日

前　言

丝绸之路是人类历史上的一个伟大奇迹，它是架设在古代东方与西方以及沿线各个国家和民族之间的一条“黄金通道”，也是东西方文明互鉴、文化交流的一条和平之路和信仰之路。历代先贤为了开辟这条黄金通道，付出了艰苦卓绝的努力，做出了不可磨灭的贡献。丝绸之路也是古人留给我们的诸多最伟大的遗产之一，它是中国的丝绸之路，也是世界的丝绸之路。正如习近平总书记在“一带一路”国际合作高峰论坛开幕式上的演讲中所说：“古丝绸之路绵亘万里，延续千年，积淀了以和平合作、开放包容、互学互鉴、互利共赢为核心的丝路精神。这是人类文明的宝贵遗产。”在那久远的年代里，从中国的长安（起点）到意大利的罗马（终点）之间，在古老的中国和欧洲大陆之间，不仅传送着丝绸、瓷器、茶叶、香料、玻璃等物品，也传递着中国的四大发明，传递着中华文化、文明和思想。在这条通道上也留下了许许多多宗教文化的传播者、朝圣者、传法弘道者的传奇故事。像原籍古印度、生于龟兹（今新疆库车）的佛教高僧鸠摩罗什，东晋时期的高僧、旅行家法显，唐代高僧、大翻译家玄奘，等等。从他们的经历和故事里，我们能感受到一种不断探索、渴望创新和追求美好、幸福和光明生活的伟大精神，感受到一种舍生忘死、利益众生、坚忍不拔的理想与信念。

古代丝绸之路的路线，历来被划分为北线、南线和中线。在丝绸之路的南线上，有一座历史悠久的著名佛寺——宗喀大慈宏觉寺，已经历尽千年的沧桑，它既是古代丝绸之路上一座著名的佛教文化遗存，也是今天伟大的“一带一路”宏伟目标的美好见证。

追溯这座千年古刹的源头，要从大约公元 7 世纪的唐朝说起。当时，唐皇室的珍贵之宝——佛祖释迦牟尼十二岁等身像，在吐蕃赞普松赞干布迎娶文成公主时，被作为公主的陪嫁沿着唐蕃古道入藏。赴藏途中，文成公主一行在青唐驿，亦即后来的宗喀大慈宏觉寺原址之地，待了一个多月，并留下一处土坛宝座，这成为后来宗喀大慈宏觉寺依此而建的缘由。

宗喀大慈宏觉寺由喇钦·贡巴饶赛创建。其时正值藏传佛教后弘期，卫藏三贤哲和果望、静闻两位大和尚为喇钦·贡巴饶赛在丹斗水晶山授戒传法。喇钦·贡巴饶赛后赴宗喀青唐地区，创建了宗喀大慈宏觉寺，作为授戒弘法道场，并为鲁梅·慈诚喜饶等卫藏青年十人授戒，成为藏传佛教后弘期最早的授戒传法者之一。十青年返藏后，在卫藏地区广泛授戒传播律部经典教义。从此，宗喀大慈宏觉寺成为授戒和传播佛学文化教育的重要道场，也是“下路弘法”的主要兴盛地。

至北宋时，唃厮啰建立了宗喀政权，修建了青唐城（今西宁市）。从此，宗喀大慈宏觉寺成为宗喀王室供奉的王室寺庙。因此，历史上素有“先有宏觉寺，后有青唐城”之说。

到了元代，阔端和元世祖忽必烈先后迎请萨迦班智达及其侄八思巴到此广转法轮，四世噶玛巴若必多杰、敦珠仁钦法王在此为年幼的宗喀巴进行启蒙教育，为宗喀大慈宏觉寺的历史又添写了浓墨重彩的一章。

明洪武二十三年（1390），宗喀大慈宏觉寺住持勺思吉监参重建该寺。此举颇受朝廷重视，寺僧札思巴锁南曾受封为国师，多次进京朝贡传法。由于明朝中央政府的重视和支持，该寺明代时在西宁地区广有影响，冠盖一方。

清乾隆四十四年（1779），六世班禅额尔德尼洛桑巴丹益西应乾隆帝之邀东行，途经青海时待了五个多月，先后驻锡在塔尔寺和宗喀大慈宏觉寺，并为广大僧俗群众举行了盛大法会。乾隆皇帝将宗喀大慈宏觉寺赐予六世班禅大师。从此，宗喀大慈宏觉寺成为历代班禅大师在青海的驻锡名寺和重要弘法道场。六世班禅大师后来任命其弟子甘肃拉卜楞寺第二世嘉木样·久美旺布为宗喀大慈宏觉寺住持，几经增缮，声誉日隆，该寺已然成为西北地区弘扬佛学文化，蒙、藏高僧及地方官员商谈重大政教事务的主要场所。

1951 年 12 月 15 日，老一辈无产阶级革命家、时任中共中央西北局书记、西北军政委员会副主席的习仲勋，专程前来为十世班禅大师赴藏送行，并在宗喀大慈宏觉寺与十世班禅大师商讨赴藏具体事宜。此举成为宗喀大慈宏觉寺历史上的一段佳话。

20 世纪 90 年代以来，历史悠久的宗喀大慈宏觉寺被青海省人民政府批准为省级重点文物保护单位、青海省民族团结进步教育基地、青海省红色爱国主义寺院、青海省政协铸牢中华民族共同体意识体验基地、兰州大学铸牢中华民族共同体意识研习基地等。

与北京白塔寺和雍和宫、西安广仁寺、呼和浩特大昭寺、沈阳皇寺等寺院类似，宗喀大慈宏觉寺是地处繁华城市中独一无二的藏传佛教寺院。这座寺院漫长而又曲折复杂的历史演变过程，它所经历的千年间朝代更替、风雨沧桑，也清晰地铭刻了古老的藏传佛教和我国各民族之间的宗教文化交流历史，以及悠久而密切的精神关系。

目 录

序　一

印顺大和尚

中国佛教协会副会长、西宁宗喀大慈宏觉寺名誉住持

2016年9月10日，正值青海高原上美丽的格桑花盛开的时节，我应青海省政协常委、青海省佛教协会副会长、青海循化文都大寺第二十六代昆氏座主、十世班禅大师的侄儿噶尔哇·阿旺桑波活佛的邀请，率领汉传佛教的僧团，前往敬爱的十世班禅大师的故乡青海循化，参加为纪念元朝帝师八思巴法王、纪念德高望重的十世班禅大师而举行的世界吉祥万佛塔重建竣工落成和开光祈福盛典。与此同时，来自南传上座部的提卡达希法师，也率领南传佛教的僧团到达青海循化参加了这次盛典。此举为藏传佛教诞生1300多年以来，第一次藏传、汉传、南传佛教三大语系的高僧大德们一起，在西北地区共同举行的祈福法会，显示了在这个伟大的盛世，中国佛教三大传承语系之间相互尊重、交流与同心同德的和谐局面。

在庆贺世界吉祥万佛塔重建竣工祈福盛典期间，令我深深感动的是，噶尔哇活佛心怀大愿，殚精竭虑，付出了漫长十三年的辛苦和愿力，终于圆满了重建世界吉祥万佛塔这份足可告慰先贤，亦将泽被后世的大功德。噶尔哇活佛在重建佛塔过程中的每一步

艰辛，还有重建过程中所承受的那些不为人知的孤独、委屈与痛苦，并非常人所能想象和理解，没有一种坚定的发心和宏大的愿力，是不可能在那么偏远和艰苦的地方完成这个非凡壮举的。

站在金碧辉煌、光耀雪域的世界吉祥万佛塔前，我也更加坚定了自己心中的信念，看到了中国佛教未来的希望和光明的前景：只要我们能够真诚地彼此尊重，共同向世界、向众生献出慈悲、大爱、智慧和愿力，无论是汉传、藏传、南传不同的语系，还是各个传承语系中的不同教派之间，都是完全能够消除隔膜，突破封闭的状态，同愿同行，携手共进的。

噶尔哇·阿旺桑波活佛继承和发扬了先贤高僧们尤其是伟大的十世班禅大师崇高的爱国、爱教精神和虔诚的弘法传统，不忘初心，严于律己，勤勉精进，无论是人品、修持还是学问，都赢得了佛教界同行的称赞。他还是一位知名的因明学者，在修持精进和勤勉弘法的同时，还兼任班禅因明学院院长、青海省因明学会会长，勤于著述，出版了不少因明学著作。这种不忘初心、严于律己、勤勉修持的精神，也带给了我很多感动和启示。

正是这次青海之行，我怀着敬仰和虔诚之心，第一次拜谒了十世班禅大师的故居，以及历代班禅驻锡地、藏传佛教名寺——西宁宗喀大慈宏觉寺。走进班禅大师在宗喀大慈宏觉寺的那个房间，尤其是伫立在六十多年前，1951 年 12 月 15 日——老一辈革命家习仲勋代表党中央、毛主席和周总理到青海西宁宗喀大慈宏觉寺为即将首次进藏的十世班禅送行的禅房里，我好像能感觉到，伟大的革命前辈和班禅大师两位伟人温暖的气息，还有他们在漫长的岁月里缔结的伟大友谊与共同的智慧和愿力，依然没有离开我们，依然在护佑着大师的故乡和我们祖国的辽阔土地，依然在悲悯和加持着众生与万物……

噶尔哇·阿旺桑波活佛详细地为我介绍了宗喀大慈宏觉寺这座千年古刹辉煌的历史。原来，宗喀大慈宏觉寺的创建者喇钦·贡巴饶赛，就是藏传佛教高僧三贤哲尧格迥、藏绕赛、玛释迦和汉传佛教的果望法师、静闻法师两位大和尚共同授戒培养出来的一位佛弟子。公元 945 年，在宗喀大慈宏觉寺里，藏传佛教高僧三贤哲和汉传佛教的两位大和尚，以及喇钦·贡巴饶赛等藏传佛教高僧，又向鲁梅·慈诚喜饶等十位西藏青年授戒传法，这是第二次汉藏高僧共同培养的出家弟子。宗喀大慈宏觉寺因此也成为汉、藏佛学文化教育交流、合作、融合的最早寺院。

正因为有这样古老的汉、藏高僧携手交流的传统和历史渊源，噶尔哇·阿旺桑波活佛真诚地向我提出，希望我能担任宗喀大慈宏觉寺名誉住持。噶尔哇活佛的盛情邀请是我始料未及的，但是静下心来一想，却又觉得因缘殊胜。这就要说到我个人与敬仰已久的十世班禅大师的因缘了。

三十年前的 1986 年，在加德满都召开的世界佛联第 15 届大会上，时任全国人大常委会副委员长、中国佛教协会名誉会长的十世班禅大师，代表中国政府承诺，要在蓝毗尼建立一座寺院，这座寺院就是尼泊尔中华寺。使我感到万分荣幸的是，二十年后我也有幸担任了尼泊尔中华寺的方丈。能在班禅大师伟大的精神慈辉的照耀下，在班禅大师等老一辈高僧大德所缔造的爱国爱教、护国佑民、慈悲为怀、利益众生的中华佛教精神的指引下，竭尽一己所能，为国家，为百姓，为民族团结，也为世界的和平与幸福，尽一些力所能及和微不足道的努力。我觉得，这将是我无上的光荣和义不容辞的责任。正是出于这样的考虑，恭敬不如从命，我欣然接受了噶尔哇活佛对我的邀请，正式担任了名誉住持。据说，这也是宗喀大慈宏觉寺有史以来首次请一位汉传佛教的和尚担任名誉住持。

正如噶尔哇活佛所言，我们希望此举是以实际行动向全世界昭示：在幅员辽阔的中华大地上，无论是藏传、汉传还是南传佛教语系，我们都亲如一家，我们永远同心同德，为了祖国的繁荣昌盛，为了民族的团结和谐，为了众生的幸福安康，也为了人类的永久和平与幸福。

宗喀大慈宏觉寺是藏传佛教先贤们留给青海人民和雪域高原的一份极其宝贵的历史文化遗产。它不仅是一座有着千年历史的藏传佛教建筑名胜和佛教信仰者们的朝圣之地，也是一座记载着汉、藏佛教文化和西北各兄弟民族之间的宗教文化交流和民族团结故事，传颂着汉、藏和其他民族兄弟姐妹世代友好传统的宝贵历史文化遗存。尤其是老一辈无产阶级革命家、开国元勋习仲勋与十世班禅大师缔结的伟大友谊与深厚佛缘，更是宗喀大慈宏觉寺历史上一段因缘殊胜的千古佳话。

噶尔哇·阿旺桑波活佛花费了数年时间，对宗喀大慈宏觉寺的千年历史线索做了大量的史料研究、梳理和匡正，以时间为经，以事件为纬，化繁就简、去粗存精，终于完成了《宗喀大慈宏觉寺——唐蕃古道上的千年古刹》一书的撰写。

我拜读了这部书之后，深深感觉到，这是一部十分难得的佛学史研究著作。它不是一本简单的佛寺名胜介绍的普及读物，而是一本富有佛教史研究价值尤其是具有汉藏佛学交流史意义的研究著作。这本书以一座千年古刹的诞生、发展、鼎盛、衰落、重生，直至再现昔日辉煌的历史线索为中心，串起了发生在这座寺院和周边的许多重大的佛教历史事件，让我们看到了千百年来藏传佛教与汉传佛教的源源不断、你中有我、我中有你、互相借鉴、互相交流与融合的美好传统；看到了藏传佛教历代达赖班禅等藏传佛教高僧与这座寺院深厚的渊源关系，以及与中国历代帝王、都城和中央政府之间的渊源关系。

尤其是到了近现代，这座古老的寺院更是与习仲勋等党和国家领导人及十世班禅大师等高僧大德的丰功伟绩与崇高的人格风范紧密相连，也构成了本书浓墨重彩的最美华章。从本书中，我们也看到了新中国的两位伟人无私、动人的友谊，看到了两位伟人在特殊的年代里与国家和民族同生死、共命运，敢于担当、共赴危艰、造福人民的伟大胸怀。从这个意义上讲，噶尔哇活佛撰写的这部书，还是一部弘扬十世班禅大师为了祖国统一、民族团结的“四热爱”精神，宣传中华民族大家庭同心同德、同愿同行，坚定不移地走中国特色社会主义道路的爱国励志教育之书。

中华民族大家庭生生不息、绵延发展，虽饱受挫折却又不断浴火重生的精神品格，离不开中华文化的有力支撑。噶尔哇活佛付出多年的辛苦而发心重修、扩建之后的宗喀大慈宏觉寺，以巍峨、庄严和焕然一新的面貌，重新屹立在雪域高原上，屹立在青海人民和全国人民面前。它是古代丝绸之路沿线上的一座千年名刹，也是今天伟大的“一带一路”上的一只浴火重生的凤凰。噶尔哇活佛在书中说得好：“宗喀大慈宏觉寺这座千年古刹的历史和传奇故事，也是伟大和美好的‘中国故事’的一部分。我们不仅要向全国各兄弟民族、向所有的信众传播宗喀大慈宏觉寺的历史，讲好这座古老的寺院从诞生到兴盛，风风雨雨、历尽沧桑，最终又在盛世中获得重生的变迁故事，而且也应该面向全世界，讲好这个凝聚着千年沧桑巨变的历史文化故事和多民族兄弟姐妹大团结的故事。随着我们国家强大的综合国力的提升，随着包括佛教文化在内的中华优秀传统文化的复兴及其在国际舞台上所展现出来的魅力和影响力越来越大，宗喀大慈宏觉寺的故事已经进入了广阔的世界视野，来自世界各地的佛教信众和向往藏传佛教文化、藏族文化的国际友人与背包客，每年都会络绎不绝地来到夏都西宁，甚至来到十世班禅大师的故乡青海循化，瞻仰文都大寺和世界吉祥万佛塔，表达他们内心的向往与敬仰之情。一个世界视野中的宗喀大慈宏觉寺，正在全面地展现在世人面前。”

祝愿宗喀大慈宏觉寺在今后的岁月里，秉持佛陀的慈悲精神、智慧与愿力，为弘扬以十世班禅大师为代表的藏传佛教爱国、爱教的优良传统，为祖国和民族的安宁与幸福，为包括汉、藏、维吾尔、蒙古、回等各个兄弟民族在内的中华民族大家庭的团结、友好与繁荣昌盛，为实现中华民族伟大复兴的中国梦，为“一带一路”建设的宏伟目标，为建设富强民主文明和谐的新青海，也为世界永久和平与幸福，贡献出自己更大的力量！

2018 年 2 月 10 日写于深圳弘法寺

序　二

陈庆英

中国藏学研究中心历史研究所原所长、研究员

宗喀大慈宏觉寺亦称“洪觉寺”“弘觉寺”，位于青海省省会西宁市南大街东侧的宏觉寺街。公元 10 世纪，喇钦·贡巴饶赛创建了宏觉寺。公元 7 世纪，松赞干布迎娶文成公主时，沿着唐蕃古道迎请佛祖释迦牟尼等身像入藏途中，在青唐驿建了一处土建宝座，后来宏觉寺依此而建。后弘期，三贤哲和两位大和尚为喇钦·贡巴饶赛在丹斗寺授戒，后兴建宏觉寺为鲁梅·慈诚喜饶等十人授戒。返藏后广泛传授戒律。唃厮啰建立宗喀政权，筑成青唐城，从此宏觉寺成为宗喀王家庙。阔端和忽必烈先后迎请萨班及其侄八思巴到此地传法。噶玛巴若必多杰、敦珠仁钦法王在此地为年幼的宗喀巴传授佛法。

该寺是明代古城西宁城垣之内一座重要的藏传佛教寺院。与北京白塔寺、雍和宫、沈阳皇寺、西安广仁寺、呼和浩特大昭等寺院相类似，宏觉寺是地处繁华城市中为数不多的藏传佛教寺院之一。因而也具有长期复杂的历史演变过程，反映了藏传佛教和我国各民族之间宗教文化交流的历史密切关系。

西宁自古以来即是汉藏交通要道上的重镇，唐代时是唐蕃古

道的中间站，宋代时是丝绸之路南线的必经地，明代时是西北茶马贸易的集散地，同时又是汉、藏、蒙古、回、土族等民族长期交往混合杂居的地区。宏觉寺早期的历史与藏传佛教与汉传佛教在河湟地区的交流活动密切相关，在藏文史籍中留下了一些记载，从明代开始又频频出现在汉文史籍中。按照史籍记载和西安荐福寺正统圣旨碑碑刻佐证，西宁宏觉寺在明代前期颇受朝廷重视，寺僧札思巴锁南等八位住持曾受封为国师，多次进京朝贡，该寺僧人勺思吉监参在西安主持了重建小雁塔荐福寺的工程，受到明朝的褒奖。由于明王朝的支持，该寺在明代曾在西宁地区冠盖一方，西宁古城东南角的主要街道即以该寺的寺名命名。清代乾隆皇帝为六世班禅修缮弘法道场。民国时期，西宁宏觉寺也经历了长期的由盛转衰的过程。

不过在近现代历史上，西宁宏觉寺还是写下过重彩的篇章。1935 年，被国民政府册封为“西陲宣化使”的藏传佛教著名爱国领袖人物九世班禅在准备返回西藏途中，在西宁停留将近一年，其间曾经在宏觉寺驻锡和传法。1949 年 10 月 1 日，中华人民共和国成立之际，十世班禅当即致电毛泽东主席和朱德总司令，表达拥护中国共产党和新中国，拥护解放西藏、实现祖国统一的强烈愿望。1951 年 5 月 23 日，《中央人民政府和西藏地方政府关于和平解放西藏办法的协议》(简称《十七条协议》)签订后，十世班禅回到西宁宏觉寺，准备进藏。同年 12 月 15 日，中共中央西北局和西北军政委员会的主要负责人习仲勋代表党中央、毛泽东主席、周恩来总理到青海西宁宗喀大慈宏觉寺为即将首次进藏的十世班禅送行。19 日，习仲勋在西宁宗喀大慈宏觉寺，会见了青海省党政军代表和来自青海、甘肃各地区和各大寺院活佛、高僧大德、地方千户百户、僧俗群众，主持了为十世班禅进藏送行仪式。1952 年 4 月 8 日，十世班禅额尔德尼·确吉坚赞一行，历经 4 个多月跋山涉水到达拉萨，最终于 6 月 30 日返回扎什伦布寺，登上了历代班禅大师的宝座，举行了盛大坐床仪式。

尽管西宁宏觉寺是这样重要的一座藏传佛教寺院，但是由于种种原因，西宁宏觉寺目前都没有比较完整的一部寺志，其历史零星分散在各种藏汉文史籍中，使社会各界人士难以清楚了解。有鉴于此，噶尔哇·阿旺桑波活佛从 21 世纪初开始，在进行西宁宏觉寺的恢复重建工作的同时，在全国各地细心收集与西宁宏觉寺有关的各种藏、汉、蒙古文献资料，寻找零星的有关线索，一点一点地扒梳整理，并将西宁宏觉寺的历史放到吐蕃历史和各朝代的不同历史时期，以及藏传佛教各教派和青海河湟地区各民族的整个历史中，以因明逻辑思维进行分析研究，实地考察佐证，经过十多年的努力，终于完成了我们现在所看到的这部首次系统介绍西宁宏觉寺历史的书稿。这本书稿的完成，对于关心西宁地方历史和宏觉寺历史的读者来说，是一件大好事，对有关部门和社会各界了解和认识西宁宏觉寺，进一步深入研究西宁宏觉寺，定会有重要的助益。

我在本篇序言中之所以一再强调“西宁宏觉寺”，是因为在江苏省也有一座宏觉寺，该寺是金陵名刹，始建于南朝梁武帝天监二年（503），原名为佛窟寺，明正统年间改名宏觉寺。与西宁宏觉寺相仿，南京宏觉寺也是在明朝中期达到极盛，为明代南京的八大国寺之一。其后也经历盛衰巨变，到抗日战争时又被日军焚掠，只存一座唐代的七级宝塔。到 20 世纪 90 年代中期，开始修复重建，现在已成为南京南郊的一大佛寺。西宁宏觉寺和南京宏觉寺这两座寺名相同的藏传佛教和汉传佛教古刹，有这样类似的历史兴衰演变，正说明无论是藏传佛教还是汉传佛教，都与中国国家命运紧密相连。

西宁宏觉寺是西宁市区重要的藏传佛教信众朝佛的圣地，也是藏、汉、蒙古、土族等兄弟民族宗教文化交流融合和继承弘扬的重要场所。让社会各界了解西宁宏觉寺的历史，对广泛弘扬藏传佛教爱国爱教优良传统和十世班禅大师倡导的民族团结、爱国爱教精神，对建设富强民主文明和谐的新青海，都会发挥良好的作用。

2018 年 3 月 7 日于北京

序　三

谢佐
青海省人民政府参事、青海省地方志原总编

噶尔哇·阿旺桑波活佛作为十世班禅大师的侄子，多年来潜心研究藏传佛教文化，并担任中国逻辑协会因明学专业委员会副主任一职，致力于藏汉文化交流，为维护祖国统一、民族团结、人民利益和法律尊严，持续做出了不懈的努力。

近期噶尔哇·阿旺桑波活佛所著《唐蕃古道上的千年古刹——宗喀大慈宏觉寺》一书，即将付梓问世。我们拜读之下，深感这座寺院史所蕴含的历史文化内涵，以及所给予人们的教益。噶尔哇·阿旺桑波活佛指出："丝绸之路是人类历史上的一个伟大奇迹，它是架设在古代东方与西方以及沿线各个国家和民族之间的一条'黄金通道'，也是东西文明互鉴、文化交流的一条和平之路和信仰之路。历代先贤为了开辟这条黄金通道，付出了艰苦卓绝的努力，做出了不可磨灭的贡献。"本书从藏传佛教在西藏传播的前弘期时，宗喀大慈宏觉寺的缘起，追溯了这座寺院的悠久历史。"前弘期"是佛教在青藏高原的初传阶段，历时二百余年，与吐蕃王朝相始终。"后弘期"是藏传佛教的复兴时期，这一时期佛教与青藏高原藏族文化相结合。由于藏族高僧大德们辛勤地翻译佛经，在传播佛教的过程中诸派纷起，形成并发展成为藏传佛教（亦作藏语系佛教）。宗喀大慈宏觉寺地处青藏高原上的唐蕃古道必经之地，是文成公主迎请佛祖释迦牟尼像入藏时，于青唐驿留了一处土坛宝座，喇钦·贡巴饶赛依此而建。三贤哲和两位和尚为喇钦·贡巴饶赛在丹斗寺授戒后，在宏觉寺向鲁梅·慈诚喜饶等授戒传法，学成后返藏传授戒律。因此，丹斗寺、阿琼南宗寺、洛多吉扎寺、玛藏寺（白马寺）便成为与宗喀大慈宏觉寺相互呼应的后弘期重要丛林。宗喀政权时，宏觉寺是宗喀王室寺庙。元朝时先后迎请萨班和八思巴到该寺弘法。宗喀巴幼年时期，噶玛巴若必多杰和敦珠仁钦法王在此地讲经。

本书以宗喀大慈宏觉寺的发展历程为主线，记载了寺院上层与明朝中央政府之间的关系，以宗喀大慈宏觉寺五位国师进京活动史实，指出当时“宗喀大慈宏觉寺依然是藏传佛教各教派和汉传佛教融合、交流、传播的中心”。包括清乾隆年间为六世班禅重建修缮宗喀大慈宏觉寺的经过，直到民国时期九世班禅大师在宗喀大慈宏觉寺驻锡传法。新中国成立以后，1951 年 12 月 15 日，习仲勋代表党中央、毛泽东主席、周恩来总理来到宗喀大慈宏觉寺，为即将首次进藏的十世班禅大师送行，开启了习仲勋与十世班禅大师的友谊，翻开了宏觉寺在当今社会宗教界人士爱国爱教的历史新篇章，奠定了宏觉寺的现实社会地位。

噶尔哇·阿旺桑波活佛将位于西宁市的宗喀大慈宏觉寺历史为广大读者呈阅，指出了“唐蕃古道上的千年古刹”的历史地位和现实意义，我们奉阅书稿感到十分欣慰，愿读者诸君从中受到教益。谨为序！

2018 年 3 月于西宁

一
前弘期宗喀大慈宏觉寺的缘起

公元7世纪初期，正是吐蕃政权在青藏高原上兴起之时。年轻而富于理想的吐蕃赞普松赞干布，为了吐蕃的社会稳定和发展，加强了与西方的尼泊尔、东方的唐王朝之间的交往关系，并积极争取建立联姻关系。“这时，唐和尼婆罗两国权势兴隆，其地佛法甚为昌盛，他认为这是由于两尊释迦觉阿佛像慈悲护佑所致，为了把这两尊佛像迎请到藏区，乃从尼婆罗迎娶尼妃赤尊，从唐朝迎娶汉妃文成公主。”[①] 赞普松赞干布先后迎娶了尼泊尔赤尊公主和唐朝文成公主。这两位信仰佛教的公主出嫁到吐蕃的时

① （清）智观巴·贡却乎丹巴饶吉著，吴均、毛继祖、马世林译：《安多政教史》，青海人民出版社，2017年11月，第31—32页。

拉萨大昭寺释迦牟尼佛十二岁等身像

候，分别带来了八岁和十二岁佛祖释迦牟尼等身像等大量宝贵的“嫁妆”，这也是世所公认的佛学文化传入雪域高原的开始。“由于文成公主、吞弥·桑布扎、大臣噶尔等迎请了与佛陀本人具有同等加持之力的觉阿释迦牟尼佛像，遍历各方，广行加持，开启了佛法在多麦地区弘扬、传播的缘起之门。”[1]

唐贞观十五年（641），作为文成公主主要陪嫁物的唐皇室之宝，释迦牟尼佛十二岁等身像（拉萨大昭寺觉卧佛），后成为吐蕃王室珍贵之宝。文成公主一行从唐朝国都长安由喇噶、鲁噶等百名大力士沿着唐蕃古道迎请时，途中经过了吐谷浑（鲜卑族后裔）领地枹罕的炳灵寺，文成公主在该寺命人雕刻了一尊弥勒大佛，之后又进入了阿夏领地青唐驿（即宏觉寺所在地）。至边界时，松赞干布亲自率兵迎接。在柏海（即青海湖）之地驻扎军营。[2]“第一段系从都城至赤岭，相当于从今青海乐都经西宁至青海湖东南角畔的日月山。其间要通过临蕃城、定戎城、石堡城、白水军、绥戎城等一些重要的城寨、驿站。”[3] 据《安多政教史》记载：“公主前来藏地时，主仆一行来到了多康。时论噶尔被唐朝留作人质，为了等候他，公主在山岩之上雕刻了佛陀头像多尊，及《普贤行愿品》，并造八十肘高的石佛等……”[4] 文成公主在赴藏途中，为等待从长安出发的吐蕃求亲大臣噶尔·东赞，曾在几个地方滞留和等待了几个月。其时，为了适应青藏高原的气候和准备进入高山草地长途跋涉所需的物资，文成公主一行在青藏高原农牧区交界的青唐地区（即今西宁一带）的宗喀大慈宏觉寺原址所在的湟水河畔，耐心等待了一个多月。“于是此地便被称为

---

① （清）智观巴·贡却乎丹巴饶吉著，吴均、毛继祖、马世林译：《安多政教史》，青海人民出版社，2017 年 11 月，第 33 页。

② 根敦群培著，法尊译：《白史》（汉、藏），中国藏学出版社，2012 年 7 月，第 147 页。

③ 西藏社会科学院编：《西藏古近代交通史》，人民交通出版社，2001 年 8 月，第 76 页。

④ （清）智观巴·贡却乎丹巴饶吉著，吴均、毛继祖、马世林译：《安多政教史》，青海人民出版社，2017 年 11 月，第 32 页。

文成公主从长安携释迦牟尼佛十二岁等身像到青唐地区场面

日月山。传说，噶尔追赶公主一行，就是这里。”① 松赞干布在青唐驿兴建了青唐驿佛殿等殿堂，文成公主为安置释迦牟尼佛等身像在此地兴建一处土坛，土坛上建有供奉佛像的宝座。相传后来宗喀大慈宏觉寺寺址即依此选定而建。

公元 8 世纪中叶，“父王赤德祖赞娶了公主，生子赤松德赞。赤松德赞于先祖松赞干布出生后的一百七十四年的阳铁马年（庚午，当为 730 年）生于札玛地方。……赤松德赞又想兴建桑耶寺，为了激发吐蕃臣民为此事出力，他对臣民们说：‘……愿意在黑波山顶上修建一座水晶宝塔，使我能看见舅氏汉人的地方，或者是修建一座我想要的佛寺’”②。公元 710 年，金城公主入藏与赞普

① （清）智观巴·贡却乎丹巴饶吉著，吴均、毛继祖、马世林译：《安多政教史》，青海人民出版社，2017 年 11 月，第 32 页。
② （明）达仓宗巴·班觉桑布著，陈庆英译：《汉藏史集》，青海人民出版社，2017 年 11 月，第 93 页。

赤德祖赞结为连理，生下了著名的第三十八代赞普赤松德赞。

通过唐朝的大力支持及与两位公主的联姻，不仅加强了汉藏民族团结，还在青藏高原上推动和发展了佛学文化教育。励精图治的吐蕃赞普赤松德赞为加强佛学文化教育的发展，也建立了数座寺院，作为佛学文化教育基地，并引进周边地区的优秀文化教育。特别是为佛学文化教育的全面发展，先后从印度迎请了静命论师和莲花生大师，创建了桑耶寺。赞普赤松德赞创建桑耶寺等佛学文化教育基地，开启了藏传弘扬显密佛学文化教育体系的先河。

“墀松德赞心想：佛教的兴盛是依靠僧团掌管的。他对寂护论师说：‘为了佛教以后在吐蕃兴旺发达，须建立僧团组织。’派遣朗卓囊协、聂·达赞东素、桑廓·拉隆素、琛·迈拉等人去印度，从止迦玛希拉寺迎请小乘佛教说一切有部的 12 名比丘僧至吐蕃受戒。赞普问：‘我吐蕃无比丘僧。我的尚伦们可否为比丘僧？’寂护答道：‘可否为僧，测试再定。’为了测试是否合适，首先试度 7 人出家，称他们为‘七觉士’。著名历史学家巴俄·祖拉陈瓦认为当时寂护担任堪布试度。”[①] 当时，吐蕃 7 名贵族少年在静命论师门下出家为僧，历史上称之为“七觉士”。这在吐蕃历史上尚属首次，可谓开天辟地之举。静命论师从此成为藏传佛教的开创祖师。他不仅培养了“七觉士”等众多僧人，也开创了弘扬显宗佛学文化教育体系的先河。

莲花生大师则向以赞普赤松德赞为首的 25 位王臣瑜伽师传

① 恰白·次旦平措、诺章·吴坚、平措次仁：《西藏简明通史》，五洲传播出版社，2021 年 6 月，第 42 页。

藏传佛教前弘期三大人物：静命论师、莲花生大师、赤松德赞

授了大圆满密法。莲花生大师因此也成为吐蕃第一位“国师”，为吐蕃培养了众多瑜伽师，由此开创和弘扬了佛法密宗的修行体系。与此同时，赞普赤松德赞还迎请了部分中原高僧来到吐蕃，加强了古代西北与中原文化之间的交流与融合，形成一种文化多元、文明互鉴、和谐相处、繁荣昌盛的吐蕃社会景象。“赤松德赞晚年，拟通过法律的形式，永久保障佛教僧侣的生活来源。先是赞普提出由 7 户人家养护一名僧人，……”[①] 到了赞普赤热巴巾时期，吐蕃还专门推出了一种“七户养僧制”，即授命属民七户供养一名僧人。这种制度对僧人崇敬有加，开创了佛学文化教育风气，各地建立了很多寺院，僧人数量大幅增加。

① 张云、林冠群主编：《西藏通史》（吐蕃卷下），中国藏学出版社，2016 年 4 月，第 659 页。

宗喀大慈宏觉寺以西的唐蕃古道节点——日月山

在此期间，吐蕃和唐朝之间虽然多次发生过战争，但也有密切的政治、经济和文化的交往。公元 8 世纪初，唐朝又把金城公主嫁给了吐蕃赞普赤德祖赞。在唐朝和吐蕃之间，友好的使者也往来频繁，形成了从长安经青唐地区（今西宁一带）到拉萨的“唐蕃古道”。

二

后弘期在青唐地区的缘起

佛教不仅是一种宗教，而且其本质是一种佛学文化教育。佛祖释迦牟尼是一位伟大的文化教育家，是佛学文化教育的开创者。佛法就是佛祖所开创的一套完整的文化教育体系，而僧人们是佛学文化教育的继承和传播者，寺院是佛学文化教育的继承和传播基地，佛教、佛法、僧人、寺院这四者之间相辅相成、缺一不可。

在古印度社会体制里，婆罗门、仙人等以托钵化缘修行的方式传播其宗教文化，是一种很有地位和境界的生活方式。佛祖及其弟子也以托钵化缘的生活方式弘扬佛法、普度众生。而在藏族社会，因为地广人稀、村落散居，民众逐水草而居，以四处迁徙的游牧生活为主，这让僧人托钵化缘的生活变得极其困难。而

藏传佛教首座寺院——桑耶寺

且，由于社会的生活习俗和价值观不同，对藏族人来说，托钵化缘的生活方式，被视为最底层的乞丐式生活方式。因此，经赞普赤松德赞和静命论师、莲花生大师议定，为吐蕃社会稳定和发展，应该极力传播佛学文化教育，从剃度“七觉士”开始，修建固定的寺院，而且僧人的生活由吐蕃王室专门供养。“佛、法、僧三宝齐备才算是有了完整的佛教。其中的僧宝指正式受过戒的出家僧人。从松赞干布时开始传入佛教后140年间，吐蕃虽然有了一些佛像、经书、塔和供奉这些的庙宇，也有一些香火师，但没有人正式传过戒，更无正式的僧团组织。”“桑耶寺落成后，吐蕃才有自己的‘比丘’。其中首先出家的是巴贝扬，其后陆续又有6人出家，藏语称སད་མི་བདུན。སད 字有‘试验’与‘觉醒’两义，因此有‘预试七人’（‘七试人’）与‘七觉士’两种译法。

藏传佛教“七觉士”在桑耶寺受戒

这是佛教在西藏建立自己的僧伽组织的开始。”①

因此，在赞普赤热巴巾时期，为了大力弘扬佛学文化教育，各地兴建寺院，僧人大幅增加，广泛弘扬佛法，还制定了各地社会善款建寺的方法和七户养僧制。

到了赞普达磨时期，一些大臣和贵族家庭，为逃避入伍从军，利用当时比较特殊的僧人待遇制度，纷纷把家中的男孩送进寺院，穿袈裟不受戒，不学佛法却充当僧人，一度出现了极度混乱的局面，真假僧人难以辨别。这种风气愈演愈烈，成了一种社会时弊。于是，王室不得不对寺院和僧人地位与制度进行改革。这样一来，寺院和王室之间，以及僧人和赞普之间便产生了一

① 张云、林冠群主编：《西藏通史》（吐蕃卷下），中国藏学出版社，2016 年 4 月，第 657 页。

三贤哲携带律藏和俱舍等经典逃往朵思麻地区

系列新的矛盾。于是，赞普达磨进一步大幅减少了寺院和僧人数量，降低了寺院的地位和僧人待遇。据传一位曾经从戎的骁勇善战者，在历代赞普宫廷门前（今拉萨大昭寺门前）射箭行刺，刺杀了赞普达磨，然后立即骑马潜逃，不知去向。他们从卫藏地区开始寻找凶手，四处缉拿和殴打无辜的僧人，有些僧人被杀，有些被强迫还俗，还有一些僧人害怕遭到陷害和被捕杀，就主动还了俗。卫藏地区掀起了一场灭除僧人、关闭寺院的“运动”，导致出现僧人大批外逃的现象。很多潜逃的僧人携带佛教、人文历史、医学、历算等书籍，以及绘画艺术品、佛像、唐卡、法器等珍贵文物，逃至尼泊尔、西域、敦煌、蒙古、西夏、阿夏等地。藏传佛教在这个时期遭受了一次重创，可谓进入了一个劫难时期。

桑耶寺授戒住持藏绕赛和尧格迥、玛释迦三位高僧在西藏山南贝钦曲波山修行时，闻悉赞普杀僧毁寺的消息后，携带一驮以律藏为主的佛学文化教育经典，仓皇逃到了阿里地区，经过西域、敦煌、蒙古、河西走廊，然后辗转来到张掖马蹄寺驻留修行。不久又经原吐谷浑领地边界，翻过茫茫的祁连山，逃至阿夏领地境内的盐湖、贵德，继而又跋山涉水，来到了阿琼南宗寺（坎布拉）、洛多杰扎，最后辗转来到了地势险要、人烟稀少的丹斗水晶山（今循化县背山）石窟中，开始隐居修行。“赞普朗达玛灭佛之时，有杰地方人藏·绕色、博东地方人约·格穷、堆龙地方人玛·释迦牟尼等三人以一头骡子驮载律藏经典由吉祥曲

赞普达磨之子奥松的上师拉龙贝吉多杰像

沃日地方逃往阿里，以后又到葛禄逻地方，因为没有翻译，未能利益众生，又绕过霍尔地方，到了朵思麻的阿琼南宗和丹斗水晶寺。”①

当时，瑜伽师拉龙贝吉多杰向吐蕃赞普达磨之子奥松传授过药师佛灌顶，成为王子奥松的上师。②但是，大臣们一味怀疑僧人参与了谋杀赞普达磨的行动，掀起了一场极其严重的杀僧灭僧运动。相传，为了避免这场愈演愈烈的灭僧浩劫，拉龙贝吉多杰竟违心地承认是自己谋杀了赞普达磨，并设法从拉萨逃往阿夏领地境内的黄河边。最初在阿琼南宗、洛多杰扎等地隐居修行，后又来到黄河之滨的东日拉措山脉（今循化孟达天池）丛林中，这里山清水秀，林木葱茏，沟壑纵横、山崖陡峭。他在这里的大山深处隐居修持，从此也为此地带来了佛教的慈光。

① （明）达仓宗巴·班觉桑布著，陈庆英译：《汉藏史集》，青海人民出版社，2017年11月，第109页。
② 《五世达赖喇嘛文集》之《药师如来仪轨》（理塘藏文版），第434、469页。

三

后弘期在地势险要的丹斗寺开启

公元 892 年，喇钦·贡巴饶赛在宗喀玛隆丹斗地区（今青海省循化县积石镇加若村）诞生。长大后，他在吉嘉哇泽多座前学习了因明学和中观学，并在康仁钦多杰门下受了菩萨戒。之后他闻悉桑耶寺授戒住持藏绕赛（他和阿底峡尊者大弟子嘉宗哲桑格均是迎请等身像时的大力士后裔）和尧格迥、玛释迦三位高僧隐居在丹斗水晶山石窟中修行，不辞艰辛，虔诚前往丹斗水晶山，听受了三贤哲的佛法教诲，请求剃度出家受比丘戒。

按照戒规，授比丘戒时必须具足五位持戒僧人，方可授戒。这时候，三贤哲获悉瑜伽师拉龙贝吉多杰在与丹斗水晶山隔河相望、丛林茂盛、山崖陡峭的东日拉措山脉（今循化县孟达天池）的深山处隐居修持，便邀请了拉龙贝吉多杰一起给喇钦·贡巴饶

后弘期开启之地——丹斗山

赛授比丘戒。拉龙贝吉多杰说："我为避免那场灭僧的灾难，已违心承认了谋杀藏王朗达玛一事而潜逃此地。若我参与授戒仪式，以后别人会怀疑戒律法脉不清净，影响戒律传承。""于是，三贤哲请他前往藏汉交界处的白塔寺附近，并把持戒严明、知识渊博的汉传佛教高僧果望、静闻两位大和尚邀请到了丹斗水晶山。"① 于是，来自西藏桑耶寺藏传佛教的高僧三贤哲和来自白塔寺附近炳灵寺汉传佛教的两位大和尚，在神圣的丹斗水晶山石窟，共同向 49 岁的喇钦·贡巴饶赛圆满传授了比丘戒，并赐法

① 布顿·仁钦竹:《布顿佛教史》(藏文)，中国藏学出版社，1991 年 6 月，第 194 页。(清) 智观巴·贡却乎丹巴饶吉著，吴均、毛继祖、马世林译:《安多政教史》，青海人民出版社，2017 年 11 月，第 37 页。

后弘期汉传佛教高僧静闻、果望两位大和尚塑像

名为“贡巴饶赛”。

喇钦·贡巴饶赛在三贤哲座前勤勉精进，虔诚地学习了戒律等显宗佛学文化。从此，丹斗水晶山成为佛法后弘期开启的发祥地（佛法戒律火种延续之地）。翌年，三贤哲和两位大和尚、喇钦·贡巴饶赛一行辗转来到青唐地区，虔心修行传法。

喇钦·贡巴饶赛又前往西夏领地河西走廊等地，学习了《四部律典》《般若经注疏》《阿毗达摩》等佛法经典。特别是西夏高荣桑格扎大师，向他传授了《四部律典》教法，同时把经典法本赐予喇钦，并对他说：“当我们日薄西山之时，我佛的慈悲曙光，终将生生不息，请悲悯众生，继续弘扬佛法。”[①]

喇钦·贡巴饶赛承续先贤遗愿，恪尽一己之力，发愿弘法建寺。将三贤哲和两位大和尚迎请到宗喀青唐地区唐蕃驿城中心

① 东噶·洛桑赤列：《东噶藏学大辞典》，中国藏学出版社，2012 年 9 月，第 1524 页。

宗喀大慈宏觉寺开创祖师喇钦·贡巴饶赛

（今西宁市），为创建宗喀大慈宏觉寺辟壤选址。青唐位于湟水河中游的宝藏盆地，是古丝绸之路南路和唐蕃古道的必经之地，也是一处瑞相圆满的吉祥宝地。"公元8世纪中叶，吐蕃王朝为了'兴苯灭佛'，实行封闭寺院、焚毁佛经，并强迫僧人还俗，这就是有名的'郎达玛灭佛'运动。有些西藏僧人历经艰难，来到吐蕃统治相对薄弱的青海地区。其中藏传佛教史上被称为后弘期'三贤哲'的藏·饶赛、肴·格迥、玛·释迦牟尼从西藏来到青海传教定居。后来，一地佛影在青藏大地遍布，许多藏传佛教僧人也来到西宁，成为西宁城的主人之一。坐落于西宁城中上宏觉寺、街西端路南的金塔寺就见证了西宁藏传佛教的光大。”①

青唐以南有著名的宗喀神山，系黄河源头玛沁雪山山脉，绵延至冈底斯雪山，这一地理瑞相预示着此一戒律传承，将能传至阿里冈底斯雪山一带；其背后是层峦叠嶂的阶梯式昆仑山脉一系，这也预示着茫茫昆仑山中，必会有无与伦比、能够接续法脉且高人一等的高僧大德层层辈出；其西面有龙王菩萨居室之称的雪域圣湖措文博（青海湖），海纳百流，广阔无垠，永不干涸，这预示着未来将有一位文殊菩萨化身的伟人（宗喀巴大师）在此地诞生，其后众多高僧大德将一呼百应、云集在此，弘扬无边佛法；其东面从源自宗喀神山的湟水河直通滔滔黄河，这一瑞相同样也预示着这一传承法脉，必将能传至中原和沿海广袤地区。

天时地利人和，皆已齐备，雪域高原上一个新的弘法时期，即将开启。

① 唐荣尧:《青海之书》，青海人民出版社，2012 年 1 月，第 78 页。

四

后弘期兴盛地——宗喀大慈宏觉寺

喇钦·贡巴饶赛在最初开始着手为创建宗喀大慈宏觉寺选址时，意外在青唐驿发现了一处土坛宝座。这就是当年文成公主一行入藏时，途中在青唐驿为安置释迦牟尼佛十二岁等身像而修建的一处土坛宝座。真乃天赐圣迹，因缘殊胜，喇钦·贡巴饶赛遂以此为基础，在受比丘戒翌年（941）创建了迄今已经绵延了千年法脉的宗喀大慈宏觉寺。

受戒第五年（945），当喇钦·贡巴饶赛 54 岁时，当时的首领达磨之子阿德奥松，闻悉青唐地区有桑耶寺授戒住持和僧团在依佛法戒律传承佛祖家业，不禁大喜，遂在桑耶寺和卫藏地区再次倡导传授戒律和弘扬佛学文化教育。接着遴选了有一定学识基础和有深厚佛缘根器的鲁梅·慈诚喜饶等卫藏青年十人，派遣到

藏传佛教后弘期兴盛之地——宗喀大慈宏觉寺

青唐地区宗喀大慈宏觉寺，在喇钦·贡巴饶赛、三贤哲和两位汉传佛教的大和尚等座前，圆满接受了比丘戒。鲁梅·慈诚喜饶等青年十人，先是驻锡在宗喀大慈宏觉寺清净戒律院，后来该院得以昌盛和扩充，演变为鲁梅寺（今雷鸣寺）。十位青年在喇钦·贡巴饶赛座前孜孜问学，勤勉精进地听闻了《四部律典》等显宗佛学文化。当鲁梅等十人在宏觉寺学成返藏之际，三贤哲、

鲁梅·慈诚喜饶等青年十人在宗喀大慈宏觉寺受戒

两位大和尚和喇钦·贡巴饶赛共同为他们裁制了一套具有象征和纪念意义的僧裙、坎肩、长袈裟以及黄尖禅帽。僧裙的右侧褶朝下，象征前弘期戒律向下传承，左侧褶朝上，象征后弘期戒律向上传承。长袈裟朝后披在右肩，是后弘期的标识。坎肩绛红色的领子和双肩为藏传佛教三贤哲的象征，双肩的两道蓝边线为两位大和尚的象征。喇钦·贡巴饶赛还自制了一顶黄尖禅帽送给他们，叮嘱他们勿忘师傅，回到藏地要继续弘法。黄尖禅帽的尖顶代表慧学，橘黄色代表戒学，禅帽内空代表定学，是佛法三学的象征。禅帽整边朝上象征后弘期下路弘法的上传。橘黄色就像高纯度的黄金一样，象征纯真无瑕、至高无上的正宗戒律传承和佛法之基。

宗喀大慈宏觉寺后弘期汉藏五大祖师像

卫藏十位青年僧人果然不负所托，荷担如来使命，返回卫藏后，在阿德奥松的大力支持下，在卫藏各地区再次广泛传播了以戒律和戒律论为主的显宗佛学文化教育，并广收出家僧众，新建和恢复了此地的佛学文化教育基地——寺院，使佛学文化教育再次在卫藏和阿里冈底斯一带得到传播和弘扬。这十位僧人也因此成为当地佛学文化教育传播的中流砥柱，功不可没。“普遍的说法，则认为鲁梅・楚臣喜饶、仲・伊喜云丹、拉息・楚臣迥乃、巴・楚臣洛追、松巴・伊喜洛追等五位卫地之人，及洛敦・多吉旺徐、村宗・喜饶森格和博洞巴・乌瓦代噶等三位藏地之人，连同阿里人哦结弟兄两人前来多麦，向喇勤请求，被授予了具足戒。当鲁梅返回上部时，喇勤把一顶涂有黄土色的旧僧帽给了他，说：‘戴上它吧！常随念我！’于是，持律者们兴起了戴黄帽子的规矩，而且也给予圣教后弘期的正宗，应是噶当教派者（格鲁派）的授记。《噶当书》中说：‘分支之名应系以本母，比起身

喇钦·贡巴饶赛晚年修行、圆寂之地——河湟白马寺

躯分支更发达。'[①] 从此，宗喀大慈宏觉寺发展成为后弘期藏传佛学文化教育的中心，也是修持戒律为主的藏传佛学文化教育“下路弘法”广泛传播的主要兴盛地。

“此后，喇钦·贡巴饶赛和三贤哲、两位大和尚继续在青唐地区宗喀大慈宏觉寺授戒传法，最鼎盛时寺院里聚集了上百名受戒弟子。喇钦·贡巴饶赛以宗喀大慈宏觉寺为中心，在方圆四周各地又创建了许多佛殿和佛塔。喇钦·贡巴饶赛还亲自制造与创作了各个殿堂内的佛像和彩绘。青唐地区宗喀大慈宏觉寺成为藏传佛学文化教育的一个十分重要的道场，其晨钟暮鼓闻名遐迩，极一时之盛。”[②]

三贤哲晚年，为了使弟子们能够恪守戒律，还在宗喀大慈宏觉寺西北角（现为西宁大十字）象征性地种植了三棵榆树，三贤哲先后圆寂于宗喀大慈宏觉寺。喇钦·贡巴饶赛和三贤哲的法体，皆在三棵榆树西北处深 20 丈的地下用殊胜宝箧安葬。后人于 1396 年在此建成了西宁大佛寺。喇钦·贡巴饶赛晚年在宗喀大慈宏觉寺以东大约 40 里地的平安白马寺修行，后圆寂于此寺，享年 84 岁，其肉身舍利即供奉在白马寺。

① （清）智观巴·贡却乎丹巴饶吉著，吴均、毛继祖、马世林译：《安多政教史》，青海人民出版社，2017 年 11 月，第 36 页。

② 必巴·米旁达瓦等著：《藏族文化名人传略》（藏文），青海民族出版社，2013 年 6 月，第 19 页。东噶·洛桑赤列编纂：《东噶藏学大词典》（藏文），中国藏学出版社，2002 年 4 月，第 1524 页。

五

宗喀政权时期的宗喀大慈宏觉寺

宗喀大慈宏觉寺曾是宗喀王室的家庙。宗喀王在世时先后统治了原阿夏王领地青唐十八大地区。原阿夏王领地是指赞普聂赤赞普所统治的十二个小邦中的多麦阿夏。“十二个小邦”，即阿里三围、卫藏四茹、康区上部苏毗、康区下部东木雅、多朵岭仓、多麦阿夏、丽江等。“藏王松赞干布时期，大臣噶尔·东赞为吐蕃总军官，出兵再次统治了阿夏王领地等十二个小邦。公元635年，噶尔·东赞率在阿夏领地，达加芒波结率兵从阿夏领地东日拉措附近（今循化县孟达天池），向定都河州枹罕的吐谷浑进攻，全面征服了整个吐谷浑（今甘肃境内）领地。”① 即后来的西夏国

① 根敦群培著，法尊译：《白史》（汉、藏），中国藏学出版社，2012年7月，第159页。

吐蕃王室后裔建立的阿里古格王宫遗址

领地，并在此建立了九个通颊军政基地。①

阿里古格政权为了巩固社会的安定和平稳发展，封统治康区的岭仓王吉本察根、格萨尔王等为守卫多康边界和整个吐蕃边界的总军官，还成立了十三、三十、八十的将相组织，征服了十八部小邦，巩固了边界稳定和社会安宁。“松额担任古格的国王20多年中，柯热实际上是作为普兰的领主来辅佐兄长松额，因此松额让位给柯热是王室内部的一种权力的自然转移。让位以后柯热成为古格王国的国王，但是拉喇嘛·益西沃对他原来的直属的领

① 周华：《嘉茂周华论文集》（藏文），中国藏学出版社，2016年6月，第277页。

地古格还有很大的影响，以致使一些人认为拉喇嘛·益西沃还控制着整个古格王国的权力。”[①] 阿里古格王拉喇嘛·益西沃为了社会的发展，在拉达克王、贡唐王、岭仓王、宗喀王、西夏王所统治的阿里、卫藏、康区、多麦宗喀、西夏等地区弘扬佛学文化教育，率先在从宗喀大慈宏觉寺传播的下路弘法法脉的继承者阿里人哦结弟兄两人[②] 的弟子堪布益西桑波座前带头出家受戒，成为西藏的第一位僧王，首次建立了新型的“政教合一”制度。“总之，经鲁梅·次臣希饶为首的十人僧徒及哈、直等派的不懈努力，再加上各地方势力的大力支持，佛教在卫藏地区迅速得以复兴，并在不太长的时间内得到长足发展，甚至超过前弘期佛教发展的规模。”[③] 阿里古格僧王拉喇嘛·益西沃和香曲沃把大译师仁钦桑波等 20 余名藏地聪慧青年派往印度留学，[④] 加强和引进佛学文化教育，创建了阿里托林寺。还从印度邀请了阿底峡尊者等很多班智达（大学者），前来阿里地区弘扬佛学文化教育，大译师仁钦桑波和阿底峡尊者先后被封为古格国师。此外，诸如整顿和完善宁玛巴教法，引进并开始传播噶当巴、噶举巴、萨迦巴等各传承法脉的佛学文化教育等，都在此时完成。后来，宗喀巴大师继承和弘扬噶当巴教义，噶当巴延续和演变成为格鲁巴，也被称为新噶当巴。

这时候，青唐地区宗喀大慈宏觉寺总管李立遵和温逋奇等部

① 陈庆英、张亚莎主编：《西藏通史》（宋代卷），2016 年 4 月，第 56 页。
② （清）智观巴·贡却乎丹巴饶吉著，吴均、毛继祖、马世林译：《安多政教史》，青海人民出版社，2017 年 11 月，第 36 页。
③ 陈庆英、张亚莎主编：《西藏通史》（宋代卷），2016 年 4 月，第 202 页。
④ 恰白·次旦平措、诺章·乌坚等著：《西藏简明通史——松石宝串》，西藏藏文古籍出版社，2018 年 10 月，第 290 页。

阿里古格王拉喇嘛·香曲沃迎请阿底峡尊者入藏弘法

分政教首领，向拉喇嘛·益西沃请求，派一名吐蕃王室后裔来统治原阿夏王领地。为此，拉喇嘛·益西沃把贡唐王贝德之侄赤德派遣到青唐地区，并封为统治宗喀十八大区域的宗喀王。赤德是吐蕃末代赞普达磨后裔。赞普达磨之子阿德奥松，其子阿德贝考赞。阿德贝考赞有二子，其长子阿里王吉德尼玛贡，其次子贡唐王赤扎西泽巴。赤扎西泽巴统治卫藏地区，建立了贡唐政权（今西藏吉隆），成为贡唐王。贡唐王赤扎西泽巴有三子，长子贝德为贡唐王，其弟为沃德和吉德，沃德之子为赤德。“正如这个授记指出的那样，赤松王幼子牟笛赞布即赛那勒江元之子为达磨，他的儿子为南德哦松，他的儿子为阿达贝科尔赞，他的儿子为赤扎喜邹巴，他的儿子是哦德，有四子，其第二子名赤德，前来朵甘，在青海开拓基业，担任万户长，宗喀的十八大地区及多麦的大部分区域都在其属下。据说他的后裔，有京俄敦庆巴等人。”[①]贡唐王之侄赤德接受宗喀李立遵和温逋奇两位大相的迎请，从阿里途经西域高昌、敦煌、河西走廊，最后到达宗喀青唐地区。在李立遵和温逋奇的大力支持下，贡唐王之侄赤德统治了整个原阿夏王领地，并于公元 1008 年在宗喀青唐地区建立了宗喀政权（唃厮啰政权），汉语称他为“亲王子”，藏语尊称他为“唃厮啰”。“唃厮啰将青唐作为自己的立足之地，显然也是考虑到这里相对周邻其他地方，气候温和，土地肥沃，人口集中，以及位置适中等有利因素。唃厮啰到青唐后，筑造宫室，制定章程，逐渐组织起了一个以他为核心的地方民族政权。”[②]

唃厮啰在青唐地区修建了以宗喀大慈宏觉寺为中心的青唐城（今西宁城），并统治了原阿夏王（吐蕃四大姓氏之一阿夏姓氏后裔）属下十八大区域，命名为宗喀十八大区域。“唃厮啰从家乡卫藏贡唐地区迎请了雪域著名的密宗大师卓米大译师四大弟子之首吉江奥格巴大师（拉萨曲水人），在宗喀大慈宏觉寺向宗喀王唃厮啰传授了历代王室殊胜密法之称的道果法和喜金刚灌顶、玛哈噶喇随喜法，供养了一百两黄金等珍贵物品，封他为宗喀王朝国师。”[③]从此，宗喀大慈宏觉寺成为宗喀王唃厮啰供奉的王室寺院，吉江奥格巴大师担任宗喀大慈宏觉寺住持。古印度大成就者噶雅达热主供的本尊喜金刚和玛哈噶喇供奉在宗喀大慈宏觉寺，

①（清）智观巴·贡却乎丹巴饶吉著，吴均、毛继祖、马世林译：《安多政教史》，青海人民出版社，2017 年 11 月，第 56 页。
② 崔永红、张得祖、杜常顺编著：《青海通史》，2010 年 10 月，第 217 页。
③《内萨尔钦泽旺秀文集》，西藏藏文古籍出版社，2015 年 3 月，第 56 页。

贡唐王之侄赤德——宗喀王唃厮啰

还在文成公主留下的等身像宝座上建造了高为十尺的金佛像。《续资治通鉴长编》载："唃厮啰执政者不仅大力提倡佛教，而且他们自己也信奉佛教。""国主"处理军政大事的殿旁边就供有"金冶佛像，高数十尺，饰以真珠，覆以羽盖。"这是唃厮啰辖下河湟地区佛教兴盛的重要原因。唃厮啰依照先祖赞普赤松德赞创建的桑耶寺建筑风格和布局，扩建了宗喀大慈宏觉寺的整体规模，

宋代宗喀王唃厮啰政权的青唐城遗址

其中间还仿建了一座类似于桑耶寺的大殿，其四周修建了清净戒律院、翻译佛经院、不动禅定院、大乘菩提院等四大学院。后来这四大学院逐渐演变为雷鸣寺、上宏觉寺、金塔寺、莫家寺。

历史上素有“先有宏觉寺，后有青唐城”之说。在宗喀王唃厮啰政权中，宗喀大慈宏觉寺总管李立遵等起着极其重要的作用。当时，藏传佛教后弘期因明学开启和兴盛之地桑普寺住持大译师俄·洛丹西绕专门向宗喀大慈宏觉寺住持噶顿西绕扎等宗喀三区僧众寄了一封佛法弘扬教诫信，[①] 在桑普寺历代住持的支持下，宗喀地区派遣众多高僧大德从事弘扬佛法事业。从此宗喀大慈宏觉寺的因明等佛学文化教育日趋鼎盛，最鼎盛时有上千名僧

① 《噶当藏文孤本丛刊》之《俄·洛丹西绕卷》，中国藏学出版社，2009 年 3 月，第 659 页。

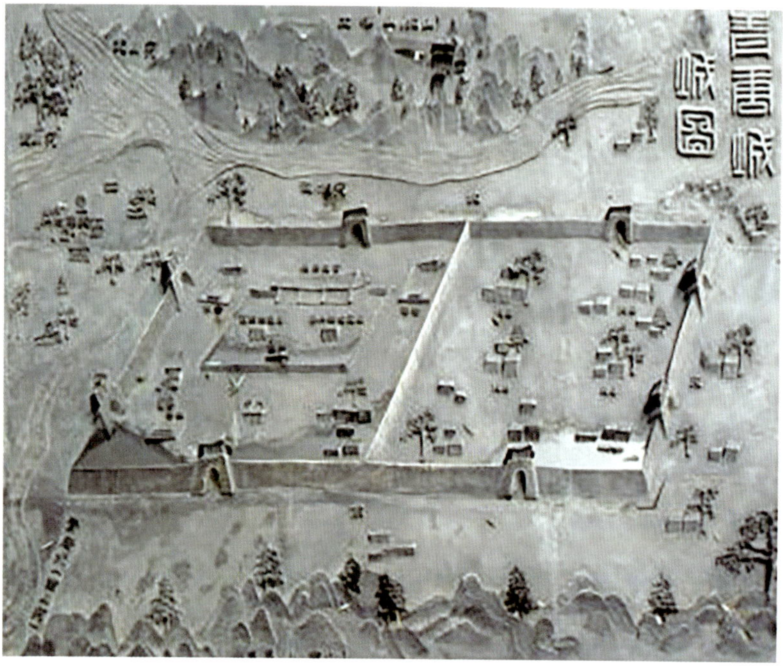

宗喀王唃厮啰修建的青唐城平面图

中国藏学研究中心研究员周华与噶尔哇·阿旺桑波在考察研究青唐城平面图

人。其中有李立遵等不少僧人担任官职，并参与政务活动。在青唐城内和周围还有不少佛教建筑，宋人李远所撰《青唐录》中记载：“青唐城，城枕湟水之南，广二十里。旁开八门，中有隔城，以门通之，伪主居西城。门设进楼二重。进楼后设中门，门后设仪门。门之东，契丹公主所居也。西夏国公主所居也。过仪门北二百余步为大殿九楹，柱绘黄龙，甚高八尺。……西城无虑数千家，东城唯陷羌人及陷羌人之子孙，夏国降羌、于阗、回纥往来贾贩之人数百家居之。城之西，有青唐水，注宗哥，水西平原，建佛祠，广五六里。缭以周垣，屋之千余楹。为大像，以黄金涂其身。又为浮屠十三级以护之。阿里骨敛民作是像，民始离贰；吐蕃重僧，有大事必集僧决之。僧之违法无不免者。城中之屋，佛舍居半，唯国主殿及佛舍以瓦，余虽主之宫室，亦土覆之。”

“唃厮啰时期的寺院从唃厮啰本人开始就已动工修筑，一直到阿里骨，其规模有增无减，佛舍屋宇占青唐城建筑物的一半，可见僧人不会很少，说明青唐已成为河湟吐蕃的宗教中心。”[①] 由此可见，在唃厮啰政权的首府青唐城，当时已是佛寺、佛塔、佛舍林立，青唐城中心的宗喀大慈宏觉寺，更是梵钟缭绕、法号声声，四方僧众皆以能够朝拜宗喀大慈宏觉寺为荣。

① 祝启源著，赵秀英整理：《青唐盛衰：唃厮啰政权研究》，青海人民出版社，2010年8月，第373页。

六

元朝时期的宗喀大慈宏觉寺

宋末元初，斯纳家族统治了青唐地区，宗喀大慈宏觉寺成了斯纳家族供奉的家庙。当时，青唐地区显赫一时的斯纳家族有两兄弟，长兄承袭了家族的基业，其弟则在宗喀大慈宏觉寺出家为僧，后来赴西藏萨迦寺拜“萨迦五祖”之第三祖扎巴坚赞为师，精进求法，扎巴坚赞给他传授了道果法和喜金刚灌顶、玛哈噶喇随喜法等，他通过学习佛法，修行证悟，成为斯纳格西。

有一次，斯纳格西修行闭关时，文殊菩萨和度母授记称：“您赴蒙地，弘扬佛法，利益众生。”“彼称为大智者的斯纳格西，曾

元朝十四位帝师祖庭——西藏萨迦古城

受度母的授记，前来多麦地区，被成吉思汗尊为上师。”[①] 故此，萨迦三祖扎巴坚赞派他回乡弘扬佛法，并与蒙古大汗建立友好关系，利益众生。他带领藏巴格西、觉摩隆巴格西、贡唐巴格西三位回到了故乡。斯纳格西任宗喀大慈宏觉寺住持，传播萨迦道果法和喜金刚灌顶、玛哈噶喇随喜法等显密教法。后来，斯纳格西又携两个小侄子和三位格西前往蒙古地区传播佛学文化。

他拜谒了成吉思汗。成吉思汗问他，从何处来？有何本领？系何民族？斯纳格西答曰：我们从萨迦来，通晓佛法，系藏族。成吉思汗接着说道：佛法我也懂，我乃大地之主，当今之世，无

① （清）智观巴·贡却乎丹巴饶吉著，吴均、毛继祖、马世林译：《安多政教史》，青海人民出版社，2017 年 11 月，第 40 页。

萨迦三祖扎巴坚赞派斯纳格西前往蒙古弘法

人能出吾右。①

成吉思汗命他立即下雨，之后停雨。斯纳格西于是双手祈佛，不一会儿，倾盆大雨从天而降。随后他又双手合十，又使大雨戛然而止。成吉思汗所希望看到的一切，他都一一如法完成了。成吉思汗察觉到此人乃是一位得道者，于是给予他充分的认可与信任，让他留在宫廷祈福和传播佛学文化。同时，斯纳格西的两个侄子也留在了宫廷。从此，一代天骄成吉思汗特别信任和尊重斯纳格西，两人之间建立了形影不离的关系。成吉思汗西征途中到西藏北方时，斯纳格西领成吉思汗去拜谒正在藏北尼隆石

① （清）智观巴·贡却乎丹巴饶吉著，吴均、毛继祖、马世林译：《安多政教史》，青海人民出版社，2017 年 11 月，第 267 页。

窟中修行的其上师萨迦三祖扎巴坚赞，当时成吉思汗向三祖扎巴坚赞赠送礼物时说："请您护佑我，待我统一天下之后，邀请您到我的家乡蒙古地方弘扬佛法。"后来，三祖扎巴坚赞对其侄子萨迦班智达说："我对蒙古无缘分，而你有很深的缘分。若你将来被邀请到蒙古时，无论遇到何等的困难险阻，都要不顾一切前往蒙古地区，利益众生，弘扬佛法。"公元1227年，成吉思汗攻打西夏时，多次战败，损失惨重。相传，无可奈何之下，成吉思汗让斯纳格西做玛哈噶喇战胜法，最终战胜了西夏。斯纳格西从此成为蒙古王室与萨迦之间的最初牵线者，开创了萨迦派与蒙古王室之间交往的先河。斯纳格西也成为蒙藏文化交流史上的一位重要人物。因此，斯纳格西圆寂之后，成吉思汗后裔在兰州白塔山修建了纪念塔，以示纪念。

斯纳格西的两个侄子从小就在宫廷长大，并成为成吉思汗四子托雷和妃子唆鲁禾帖尼的养子，与蒙哥、元世祖忽必烈、阿里不哥一起长大。他们甚至还成了坚贞不渝的结拜兄弟。"小儿子拖雷诺颜和他的王后索绕达生有元世祖忽必烈彻辰汗等兄弟三人，但把斯纳泽觉自幼作为义子抚育，因而有兄弟四人之说。"[①]后来，元世祖忽必烈和帝师八思巴封小侄子斯纳泽觉为宗喀青唐地区首领，斯纳家族也随之成了宗喀青唐地区权势显赫的家族，统治了整个宗喀青唐地区。这时已经有上千名僧人的宗喀大慈宏觉寺，也成了斯纳家族供奉的家庙。因为大侄子从小在斯纳格西座前出家为僧，学习佛法，被赐法名为喜绕益西，任宗喀大慈宏

① （清）智观巴·贡却乎丹巴饶吉著，吴均、毛继祖、马世林译：《安多政教史》，青海人民出版社，2017年11月，第267页。

成吉思汗后裔在兰州白塔山为宏觉寺住持斯纳格西修建的纪念塔

觉寺住持（堪布），学习了道果法和喜金刚灌顶、玛哈噶喇随喜法等显密教法，被称为“斯纳堪布”。“斯纳堪布·喜饶伊喜，由于作为供施两方的侍者，致力于众生怙主八思巴大师与国王之事业，成绩卓著，由国王赐予宗喀地方的土地，使其作为彼处领主，其后裔历代承袭，颇为圣教与众生之事业效力。”[①] 后来，阔端和元世祖忽必烈先后迎请萨迦班智达、八思巴到蒙古王室讲经传法、灌顶及扶持国政、创制文字，斯纳堪布和斯纳泽觉两兄弟是主要牵线者。

斯纳堪布和斯纳泽觉先后迎请萨迦班智达、帝师八思巴到青唐地区宗喀大慈宏觉寺，传授了道果法和喜金刚灌顶、玛哈噶喇随喜法等萨迦巴共与不共的众多甚深教法，广转法轮、利益众

① （清）智观巴·贡却乎丹巴饶吉著，吴均、毛继祖、马世林译：《安多政教史》，青海人民出版社，2017 年 11 月，第 40 页。

阔端与萨迦班智达在凉州白塔寺会谈图

生。这个时期，在元世祖忽必烈和帝师八思巴的扶持下，宗喀大慈宏觉寺在原有的基础上得到了进一步的修缮和扩建。斯纳堪布喜绕益西主要在元朝皇室与青唐地区，以及黄河流域的朵思麻却喀（宣慰司）首府、临洮大寺等地区活动，专门负责黄河北岸的宗教事务，其地位和势力得到进一步壮大，使宗喀大慈宏觉寺逐渐成为整个河湟地区的佛教文化交流与传播中心。

“答失蛮接受了上师的法旨、皇帝的札撒（诏书）等，带领许多随从，携带来往路上所需物品，以及从大小御库领出的对吐蕃各级僧俗首领赏赐所需的物品，前来吐蕃。首先，他到了吐蕃地方佛教再弘的发源地——朵思麻的丹斗水晶佛殿，依次经过朵堆（即朵甘思）、卓多桑珠、藏，最后到了具吉祥萨迦寺。一路上在各地召集民众，颁发堆积如山的赏赐品，宣读诏书和法

元朝朵思麻宣慰司首府遗址——文都古城遗址

旨。”①

1264年，元世祖忽必烈和帝师八思巴在元上都议定，由帝师八思巴出任萨迦政权的首领，恰那多吉任萨迦政权三个却喀的总军官。其管辖的地区划分为三个却喀（三个宣慰司），各却喀设一名本钦，这是按照皇帝与上师商议决定而任命的。②“汗王阔端让他穿蒙古服装，并把公主墨卡顿嫁给他。他朝见薛禅皇帝后，薛禅皇帝封他为白兰王，赐给金印，并为他设置左右衙署，委派他治理整个吐蕃地区。”③八思巴主持划分了十三万户，调整

①（明）达仓宗巴·班觉桑布著，陈庆英译：《汉藏史集》，青海人民出版社，2017年11月，第145页。

②（明）达仓宗巴·班觉桑布著，陈庆英译：《汉藏史集》，青海人民出版社，2017年11月，第146页。

③（明）达仓宗巴·班觉桑布著，陈庆英译：《汉藏史集》，青海人民出版社，2017年11月，第204页。

和确定各个万户的辖区。以萨迦为乌斯藏却喀的中心，任命释迦桑布为乌斯藏本钦（乌斯藏宣慰使）；以德格卓朵桑珠为朵甘思却喀的中心，任命索南仁钦为朵甘思本钦（朵甘思宣慰使）；以文都为朵思麻却喀的中心，任命益西迥乃为朵思麻本钦（朵思麻宣慰使）。同时还修建了朵思麻首府文都城。忽必烈当初派益西迥乃为云南王忽哥赤上师，后来被派任为朵思麻宣慰使。“在八思巴时期萨迦派的势力也进入了云南，除八思巴的异母弟意希迥乃曾任云南王忽哥赤的上师外，据近年的调查，萨迦派在云南的分布地区主要是今蒗蕖和永宁等摩梭人和普米族地区，信仰萨迦派的民族现在主要是摩梭和普米族。”[①] 朵思麻宣慰司本钦·益西迥乃管辖原唃厮啰政权的宗喀十八大区域：斯纳贝本等元朝朵思麻（朵思麻宣慰司）却喀十八个万户长，斯纳万户成为朵思麻宣慰司属下最主要的万户。后来，青唐地区著名的藏族鲁本部落头人宗喀巴大师父亲鲁本格被封为“达鲁花赤”，是斯纳万户管辖鲁本部落的官员。

从临洮大寺至萨迦寺之间，元世祖忽必烈为便于帝师八思巴往返驻锡和弘扬佛法、传播文化，共建立了 27 个驿站，即以文都驿城为中心，设立朵思麻地区驿站 7 个，朵甘思驿站 9 个，乌斯藏地区驿站 11 个。“从汉藏交界之处起，直到萨迦以下，总计设置了 27 个大驿站。”[②]

经帝师八思巴指定，忽必烈决定将都城从元上都迁至大都北京，建立了元朝，以藏传佛教为国教，八思巴被封为帝师。公元

① 陈庆英：《帝师八思巴传》，中国藏学出版社，2007 年 1 月，第 90 页。
② 陈庆英、张云、熊文彬主编：《西藏通史》（元代卷），中国藏学出版社，2016 年 4 月，第 320 页。

元世祖忽必烈与帝师八思巴在北京白塔寺会面图

1271 年，元世祖忽必烈、察必皇后迎请帝师八思巴，在大都北京建寺选址，帝师八思巴做皇家护国护法玛哈噶喇国泰民安、战胜祈福法会，开始创建北京万安寺白塔，后白塔寺成为帝师八思巴等历代帝师弘法驻锡和元朝中央政府总制院所在地。“1274 年，

帝师八思巴等历任帝师弘法驻锡地——北京白塔寺

八思巴帝师同父异母的弟弟亦怜真（汉译宝幢）受命抵达大都，接替了八思巴帝师法座，此时白塔初建，亦怜真按照萨迦派的仪轨主持了白塔的装藏、开光，与白塔有关的重任决定也都由他定夺。”[①] 从此，有了“先建白塔寺，后建元大都”之说。

公元1272年，奉元世祖忽必烈和帝师八思巴之命，本钦·益西迥乃在八思巴受比丘戒之地文都城，以皇室大量资金作为支持，为祈求世界熄灭战乱而修建了世界吉祥万佛塔。八思巴之弟亦怜真创建了文都大寺，修建了皇家护国护法殿。

两年后，即1274年3月，帝师八思巴从临洮动身前往萨迦，元世祖忽必烈和察必皇后、真金太子一直送到朵思麻却喀首府文都城，并与帝师八思巴、亦怜真、本钦·益西迥乃兄弟三人等一

① 杨曙光：《北京白塔寺》，民族出版社，2007年4月，第25页。

元朝第二任帝师亦怜真（左）与文都昆氏家族祖先朵思麻宣慰司本钦·益西迥乃（右）

起，为文都驿城世界吉祥万佛塔和文都寺皇家护国护法殿举行了盛大的开光祈福仪式。之后，真金太子把帝师八思巴护送到西藏萨迦寺。元世祖忽必烈和察必皇后邀请亦怜真到元大都北京，担任总制院使和第二任帝师，与尼泊尔工程师阿尼哥一道，全面完成了北京白塔寺三界胜利宝塔的建筑工程、内部设计、装藏、开光等事务。“亦怜真（1238—1279）是白塔内部塔藏的设计者。他的设计不同于阿尼哥的设计表现在外在形式上，而是突出在塔藏内容布置上。关于亦怜真的事迹，汉地和西藏史料都有记载。”①

斯纳堪布喜绕益西的侄子罗哲贝桑，从小在斯纳堪布门下出家为僧，在其座前学习了道果法和喜金刚灌顶、玛哈噶喇随喜法

① 黄春和：北京名寺丛书《白塔寺》，华文出版社，2002 年 5 月，第 128 页。

元世祖忽必烈、察必皇后、本钦益西迥乃、亦怜真在文都城为即将启程返回萨迦的帝师八思巴、真金太子送行场面雕塑

等显密佛法理论，并任宗喀大慈宏觉寺住持。当时因青唐地区斯纳家族与萨迦拉章政权及元朝皇室之间关系密切，罗哲贝桑被元朝封为大司徒，并赐金册。罗哲贝桑之侄贝觉桑波，在罗哲贝桑座前出家为僧，从戒律入手，系统地闻习了显宗佛学文化教育经典，后任宗喀大慈宏觉寺住持，被封为同治职位。“八思巴和忽必烈曾赐给西宁西川西纳家族首领西纳贝本虎符印章，敕封为宗喀万户，其管辖地在西宁、贵德，跨甘肃行省的西宁州和朵思麻宣慰司的贵德州，所辖又是藏族部落，所以由八思巴出面来加以封授。”①

① 陈庆英：《帝师八思巴传》，中国藏学出版社，2007 年 1 月，第 145 页。

元明两代萨迦摄帝师喃加巴藏卜（全名为帝师喃摄加参巴藏卜）像

德的招抚。《明太祖实录》卷七九记载，洪武六年（1373）二月癸酉，“诏置乌斯藏、朵甘卫指挥使司宣慰司二、元帅府一、招讨司四、万户府十三、千户所四。以故元国公南哥思丹八亦监藏等为指挥同知、佥事，宣慰使同知、副使、元帅、招讨、万户等官凡六十人。以摄帝师喃加巴藏卜为炽盛佛宝国师。先是遣员外郎许允德使吐番，令各族酋长举故官至京授职，至是喃加巴藏卜以所举故元国公南哥思丹八亦监藏等来朝贡，乞授职名。”

明朝在较短的时间内，在“不劳师旅之征”的情况下，而使藏族地区的僧俗官员得以联络授职，许允德功不可没。他频繁出使藏地，朝廷对他颇为信任和赏识：洪武七年（1374）三月癸巳，“陕西行省员外郎许允德自西番朵甘、乌思藏使还，赐冠带、罗衣及钱”。

有些地方的藏族僧俗首领，由于交通等原因，不便入朝接受敕封的，也常由许允德代表朝廷颁敕印诰，如：洪武七年十二月壬辰，“炽盛佛宝国师喃加巴藏卜及朵甘行都指挥同知锁南兀即尔等遣使来朝，奏举土官赏竺监藏等五十六人。诏增置朵甘思宣慰司及招讨等司……遣员外郎许允德赍诏及诰印往赐之”。

这些得到朝廷诏敕印诰的地方僧俗首领，纷纷表示忠顺明朝，定要“安辑众庶”“恪修厥职”。明太祖对许允德的业绩表示赞赏，特别给予褒奖：洪武七年十二月甲午，“上以员外郎许允德使朵甘、乌思藏，命给其家常俸外，月增米三石赡之”。

西藏和其他藏族地区地域辽阔，各部分散，许允德为完成此项任务历尽艰辛，前后盘桓达五年之久。洪武七年十二月，他再次完成安抚西宁等处任务后回到临洮，最后积劳成疾，客死当地，至今他的墓还在临洮城东。许允德不辱使命，恪尽职守，在促进明初大一统局面形成和藏汉民族团结方面做出了巨大的贡献。遗憾的是对于这样一个出类拔萃的边陲使者，现存的史料对他的记载十分稀少，只知道他是长安人，更多的事迹包括他的旅途见闻等都湮没无闻了。

甘、青藏族地区最早筹建僧纲司机构是在洪武二十二年（1389）。这一年八月，明太祖朱元璋诏谕僧录司："西（宁）、河（州）、洮州等处，多有不曾开设僧司衙门，凭僧录司差汉僧、番僧去打点。"由此可知，藏族地区"番僧纲司"的设立始于洪武二十二年，首先设置该机构的地区是在靠近内地、明朝最早经略的河湟一带。

洪武二十六年（1393），始在西宁卫、河州卫等地设置僧纲司。

洪武二十六年三月丙寅，"立西宁卫僧纲司，以僧三剌为都纲"。在河州分设汉"番"两个僧纲司："河州汉僧纲司，以故元国师魏失剌监藏为都纲"；"河州卫番僧纲司，以僧端月监藏为都纲"。明太祖言及设置"番"汉僧纲司的意义时说："盖西番崇尚浮屠；故立之，俾主其教，以绥来远人。"同时，也对僧纲司任职僧提出希望："自古帝王致治，无间远迩，设官以理庶务。稽诸典礼，复有僧官以掌其教者，非徒为僧荣也，欲其率修善道，阴助王化。非真诚、寡欲淡泊、自守者，奚足以任斯职。今设僧纲司，授尔等以官，给尔符契，其体朕之心，广佛功德，化人为善，钦哉。"

最早担任西宁卫宏觉寺僧纲司都纲的这位名叫"三剌"的藏族僧人，是由萨迦摄帝师派往安多地区的著名高僧，名叫桑杰扎释，因其法术高超，藏族僧俗民众称之为"大成就者海心仙人"，当地的汉族群众则称其为"海喇嘛"。此人就是《明史》及《明实录》中所说的"西宁番僧三剌"。"公元1393年（洪武二十六年），明朝在西宁设立僧纲司，以僧三剌为都纲。”[①] 据藏族史书《安多政教史》记载，洪武初年，三剌喇嘛曾应明太祖之请入南京朝觐，在居留期间，遇有内地某城堡国库发生大火灾，三剌在御宴中奉旨祈雨，熄灭大火。此后，太祖对其益加敬重。由此说明“西番僧人三剌”早在洪武初年就曾来朝。而且他在明朝平定青海藏族地区各部时也起到了举足轻重的作用。

据《明史》记载：“洪武二十五年（1392），凉国公蓝玉追逃寇祁者孙至罕东卫，其部众多窜徙，西宁三剌为书招之，遂相继来归。三十年（1397），酋锁南吉剌思遣使入贡，诏置罕东卫，授指挥佥事。”由此可知，三剌喇嘛在甘、青一带享有极高的声望，他的一纸书信，便可使骚动着的罕东部安定下来，并归顺朝廷。这件事足以使明朝皇帝认识到宗教上层人士在信教群众中的影响力和感召力。

招抚罕东部后，三剌“又建刹于碾白南川，以居其众，至是来朝贡马，请敕护持，赐寺额。帝从所请，赐额曰瞿昙寺”。瞿昙寺得到明朝历代皇帝的大力扶持，并多次为寺赐寺额，立碑记，亦多次给其上层僧人加授国师、禅师等封号，颁赐印诰。还多次派太监到瞿昙寺视察，赐给山场、园林、田地甚广。瞿昙寺先后领属十三寺，管辖七条沟。瞿昙寺寺主一职由三剌（三洛）喇嘛家族按萨迦惯例世袭传承。由于它的特殊地位，在明代，它已成为统治者联系青海地方僧俗首领、维系其隶属关系的纽带。

继西宁卫与河州卫建立僧纲司之后，永乐至正统的几十年间明朝又陆续在甘、青其他藏族地区设置僧纲司机构，见于《明实

① 陈光国：《青海藏族史》，青海民族出版社，1997年5月，第254页。

相传明朝建文帝曾遁隐出家的瞿昙寺

录》记载的主要有：永乐五年（1407）三月乙丑，“设陕西甘肃州左卫及庄浪卫僧纲司”。

永乐十一年（1413）五月庚辰，“设陕西贾穆龙僧纲司，以番僧锁南监藏为都纲”。

永乐十二年（1414）二月丙午，“设陕西藏吉地面眄囿朗堂、当笼、加麻僧纲司”。

宣德元年（1426）十月己丑，“赐西宁卫国师马尔藏、临洮卫都纲已失坚藏等二百六十九人……彩币表里、袭衣、靴袜有差”。据此可知，在宣德元年之前，临洮卫已设置僧纲司，故有临洮卫都纲已失坚藏在宣德元年来朝入贡的记载。

明宣宗宣德元年（1426），陕西西宁卫弘觉寺僧人勺思吉蒙钦赐度牒，到荐福寺住坐，见这里殿堂荒废，遂发愿重修，立正统圣旨碑。这块圣旨碑立于明英宗正统十四年（1449），碑文记述了明英宗时僧人勺思吉整修荐福寺的故事。

荐福寺是武则天为唐高宗李治祈福而修建的皇家寺院，它的诞生和发展，与武则天的政治生涯休戚相关，甚至于在武则天去世多年以后，在唐武宗李炎会昌五年（845）七月毁佛时，寺院的皇家地位也未曾撼动，荐福寺成为保存至今的西安仅存的三座唐代皇家寺院之一。

僧人勺思吉本是西宁卫弘觉寺僧纲司都纲，来荐福寺后，看到殿宇大都破败不堪，发愿重新整修寺院，勺思吉用了 17 年时间才将寺院整修完毕。"'陕西西宁卫弘觉寺番僧勺思吉监参'的族别，我们认为他应是藏族的佛教僧人。弘觉寺的情况已如前述，在明代前期该寺的'番僧'只能是藏族。'勺思吉监参'按元明时代翻译藏族人名的惯例，应为却吉坚赞，意为法幢。"① 工程竣工后，他亲自带着绘制好的"荐福寺殿堂图"去北京，向明英宗乞赐寺名。当时有些大臣认为各个大殿都用皇家专用的绿色琉璃瓦作装饰是犯了大忌。勺思吉辩解说，荐福寺是唐代武则天女皇敕建，是一座等级很高的皇家寺院，正佛殿、藏经楼等八座大殿的檐角原本就用的绿色琉璃瓦作装饰，他在修缮时只是用了唐代寺院用过的旧瓦作装饰，并不敢擅自使用。从这里我们也可以窥见唐代荐福寺的富丽堂皇和崇高地位。

礼部官员将勺思吉所辩回奏英宗，英宗知其原委，下旨继续

① 陈庆英、仁庆扎西：《西宁弘觉寺与西安小雁塔〈正统圣旨碑〉》，《青海社会科学》1984 年第 3 期，第 105 页。

勺思吉向明英宗乞赐寺名御笔

沿用武则天敕赐的寺名“荐福寺”，并且准勺思吉做荐福寺的住持。正像碑文中所描述的，唐朝之后，虽历经宋元明清朝代的更替，但荐福寺前朝皇室寺院的地位始终没有变，木质的匾额都由皇帝亲自书写，至今荐福寺内仍然保留着明英宗朱祁镇用楷体书写的“敕赐荐福寺”匾。

综上所述，唐代的皇家寺院荐福寺由女皇武则天建立，它是武则天宣传其统治思想的重要阵地。荐福寺因武则天而荣，它不是佛教任何一个宗派的祖庭，正是由于它崇高的皇家地位，才允许各宗派的高僧在此讲经传法，便于不同信仰的皇家贵族来此礼佛，就像一个综合学科的大学讲堂，当年就有很多可见于史料记载的著名高僧来荐福寺设讲堂、开译场、授徒弟，还有来自古印度、新罗、日本的僧人来荐福寺讲学、助译和学习传承佛法，荐福寺是一所十方禅林。由于武则天的推崇，荐福寺在中国佛教史上占有一席之地，义净译场更成为长安三大译场之一，在学术上也占据了重要地位。

八

明代四大法王与宗喀大慈宏觉寺

明代初期，在河湟地区驻军屯守，移民戍边，并对河湟流域的藏、蒙古、土族等实行“因其俗而治”的办法，一方面敕封具有实力的上层头人为世袭土司，另一方面大力扶持当地原有的藏传佛学文化教育，资助上层高僧兴建寺院，赠给匾额，御赐寺名，并准许一些宗教上层人物定期到朝廷朝贡，给以优遇与封赠。

元至大二年（1309），敦珠仁钦法王诞生在文都城。他是元朝帝师八思巴之弟朵思麻本钦·益西迥乃后裔，从小在文都寺出家，之后前往西藏聂唐寺、纳唐寺学习噶当派传承教法，在夏鲁寺、萨迦寺学习萨迦派诸传承教法。元顺帝妥懽帖睦尔和帝师贡噶坚赞授命他前往临洮大寺担任住持。“曾任甘肃临洮噶

宗喀大慈宏觉寺供奉的宗喀巴大师根本上师敦珠仁钦法王塑像

丹群佩林寺（据说由八思巴敕令所建，通称香根寺）法台约于火鼠年（1336），西藏聂唐寺派专人来临洮香根寺，邀请他任该寺住持。”[1]公元 1349 年，敦珠仁钦法王按上师钦·洛桑扎巴授记，在宗喀大慈宏觉寺以南处黄河边，创建了夏琼寺，并在塔尔寺附近的曲噶尔禅房修行和讲经传法，等候文殊菩萨化身宗喀巴大师的诞生。

公元 1357 年，宗喀巴大师诞生在曲噶尔禅房和宗喀大慈宏觉寺之间的地方，即今塔尔寺所在位置。他 3 岁时在夏宗寺四世噶玛巴·若必多杰座前受皈依戒，7 岁时在夏琼寺根本上师敦珠仁钦法王膝下出家为僧。当时，宗喀巴大师在青唐地区佛教中心宗喀大慈宏觉寺、夏琼寺、曲噶尔禅房、夏宗寺等地，在敦珠仁钦法王和噶玛巴·若必多杰两位上师座前学习佛学文化，夏琼寺是三师徒沿途往返的必经之路，也是宗喀巴大师驻留该寺多次听闻讲经传法、接受启蒙教育、参加各种法会，广转法轮，利益众生的道场之一。“据哲蚌寺鲁本巴阿旺丹增巴《夏琼寺志》所述，自喇勤圆寂的木猪年经二百七十四年，即第五胜生的土鸡年（公元 1309 年，元武宗至大二年，己酉岁），曲结敦珠仁钦（1309—？年）生，他四十一岁之年，即第六胜生土牛岁（公元 1349 年，元顺帝至正九年，己丑岁）修建夏琼寺大乘功德兴盛林；此后经八年，火猴年，斯纳道登建贝嘉措生；第二年，火鸡年（公元 1357 年，元顺帝至正十七年，丁酉岁），第二佛陀东方圣·宗喀巴罗桑扎巴诞生于多麦宗喀地方。犹如世尊降生于世间那样，……”[2]出生于青唐地区斯纳家族的

① 拉科·益西多杰编译：《藏传佛教高僧传略》，青海人民出版社，2007 年 4 月，第 265 页。

② （清）智观巴·贡却乎丹巴饶吉著，吴均、毛继祖、马世林译：《安多政教史》，青海人民出版社，2017 年 11 月，第 41 页。

三罗喇嘛的根本上师大乘法王贡噶扎西塑像

著名佛学大师多合丹嘉华尖措曾经在宏觉寺出家学佛，后赴西藏，在宗喀巴大师座前学习了显密佛学理论，成为宗喀巴大师八大弟子之一，也是宗喀巴大师温萨秘诀的唯一继承者。斯纳噶尔哇即宗喀巴大师诞生地，宗喀巴大师八大弟子中的多合丹

宗喀巴大师的高足——大慈法王释迦也失

嘉华尖措是斯纳家族重要人物。[①]

当时，萨迦摄帝师与大乘法王还把弟子三罗（三剌）喇嘛从西藏萨迦派遣到了宗喀青唐地区。他主要在青海湖海心山、宗喀大慈宏觉寺、卓仓郭隆山等地，从事道果法和喜金刚、象鼻天神、玛哈噶喇等修行传法，利益众生。后被明太祖朱元璋封为“国师”，并任命为西宁卫僧纲司都纲。当时，西宁卫僧纲司设在宏觉寺。在明太祖大力支持下，公元 1392 年，在宗喀大慈宏觉寺东面创建了瞿昙寺。相传，建文帝遁隐到瞿坛寺国师三罗喇嘛座前，出家学习佛法，取法名为“三丹罗哲”（汉译为“禅慧”）。

明永乐皇帝时期，大乘法王、大宝法王、大慈法王等藏传佛教三大法王先后被迎请至宫廷。因为地处青唐城唐蕃驿城中心的宗喀大慈宏觉寺系朝廷供奉的皇家寺院，也是三大法王等前往朝廷的必经之路，故此，三大法王往返途中皆驻锡在宗喀大慈宏觉寺，并用各自所传承的教义讲经传法，广转法轮，普度众生。

明永乐十年（1411），永乐皇帝敕赐寺名为“弘觉寺”。当时宗喀大慈宏觉寺和瞿昙寺这两座藏传佛教寺院，得到明朝的大力支持，成为享有极高地位的两大藏传佛教寺院。

明永乐十一年（1412），经国师三罗喇嘛牵线，永乐皇帝隆重邀请萨迦大乘法王贡噶扎西到南京宫廷。大乘法王向永乐皇帝传授了帝师八思巴曾向元世祖忽必烈传授的喜金刚灌顶和玛哈噶喇随喜法。在此后的日子里，大明王朝也像元朝一样，大力支持萨迦拉章政权。

---

① （清）智贡巴·贡去乎丹巴绕布杰著，毛兰木嘉措校订：《安多政教史》（藏文），甘肃民族出版社，1987 年 8 月，第 168 页。

明太祖洪武二十一年（1388），帕竹第悉扎巴坚赞统治了萨迦本钦管辖的卫藏地区。明永乐七年（1409），永乐皇帝赐其“阐化王”封号，并依次延续了帕竹第悉、仁邦第悉、藏巴第悉等世系。宣德元年（1426），隆务寺寺主罗哲桑格被封为“大国师”。宣德二年（1427），隆务囊索贡却坚赞被明赐予印信诰敕。于此，朵思麻十八个万户演变成为隆务囊索管辖的十八大区域。至明朝中末期，朵思麻政权又转变为卓尼土司政权。这一时期，朵甘思政权逐步演变成为西康白利土司政权（今昌都一带）。

明朝永乐皇帝曾两次邀请宗喀巴大师到朝廷讲经传法，宗喀巴大师遂派高足大慈法王释迦也失替他前去朝廷。大慈法王释迦也失在朝廷为皇帝和大臣们传播了宗喀巴大师显密佛法。

明宣德十年（1435），宣德皇帝又邀请大慈法王进京，途中大慈法王在宗喀大慈宏觉寺讲经传法。遗憾的是，在第二次返藏途中，尚未到达宗喀大慈宏觉寺之前，大慈法王在宏觉寺以东一百多里处的佐摩卡（今民和县）便圆寂了。圆寂之前曾向其弟子释迦慈成授记要在此地建寺。

明正统七年（1442），荷蒙明政府的大力支持，释迦慈成在大慈法王释迦也失圆寂之地佐摩卡创建了鸿化寺，明英宗敕令赐名“宏化寺”。“噶玛巴·若白多杰，土猪年（1359 年）经过安多宗喀地方的夏宗寺时，刚满 3 岁的宗喀巴·罗桑札巴被领来见他，他给宗喀巴授了近事戒，取名耿嘎宁波。并预言在他出生地将会生长出一株珍奇的菩提树。”[①] 四世大宝法王噶玛巴·若必多

① 拉科·益西多杰编译:《藏传佛教高僧传略》，青海人民出版社，2007 年 4 月，第 143 页。

宗喀巴大师授皈依戒上师——大宝法王噶玛巴·若必多杰

杰在与离宗喀大慈宏觉寺 40 多公里东南处的夏宗寺长期闭关修行时，向 3 岁的宗喀巴大师授皈依戒，并派其大弟子国师札思巴锁南担任宗喀大慈宏觉寺住持。

宗喀大慈宏觉寺住持、斯纳家族高僧贝觉桑波侄子勺思吉监参（却吉监参或却普监参），在其伯父贝觉桑波座前出家为僧，系统地学习了道果法和喜金刚灌顶、玛哈噶喇随许法等佛法显密理论，名声逐渐波及四方。“大通直关寺，昔日萨迦班智达圣叔侄赞誉此地可以与五台山的加持媲美，修建了萨迦派的静修院乔噶林。明时，萨迦派的曲吉坚赞（勺思吉监参——编者注）和格鲁派的喇嘛鲁本·桑木旦森格和鲁土司结为供施关系。由汉、藏、蒙的施主们奉献财物，提供条件，在中央山峰上修建了自然显现的五位一体的弥勒佛及近侍像三尊；南山修建了迦叶佛，有以佛陀舍利装藏的释迦及二胜像，壁上绘有十六尊者像；西山修建了普贤佛及其眷属像，北山修建了由普陀洛迦的各种佛物造成和普陀洛迦的圣观世音一样的像。当时，从普陀洛迦方向飞来一只令人喜悦的白鹦鹉钻入佛像里，东山有用五台山的泥土塑造的文殊语狮菩萨及其近侍像三尊，壁上画有清凉庄严乐土。”①

明洪武二十三年（1390），勺思吉监参发愿重建该寺，取寺名为“妙华庵”，后获明朝廷敕赐寺名“宏觉寺”，并亲任住持。勺思吉监参和鲁本桑丹桑格两位大师曾经在萨迦班智达和帝师八思巴先后到凉州和青唐地区活动途中，随行在河西走廊沿线的古浪大通河流域，亲临嘎达寺（殊乐寺）加持为文殊菩萨道场，此地系具有五台山同等加持力的小五台山之地，以鲁土司作为主要施主，由当地汉、藏、蒙古、土族等信教群众捐资支持，在每座山顶建了一座佛殿。

然而，由于宗喀大慈宏觉寺地处青唐城繁华的俗世生活中心，喧闹的市井之声影响僧人学佛修行。勺思吉监参为僧人能够远离闹市城区，安静地学佛修行，遂于公元1445年，在该寺上游创建了斯纳桑珠林寺。“大明永乐八年，斯纳喇嘛曲帕坚赞（勺思吉监参——编者注）被尊为皇帝的上师，赐予国师的诰封，管辖的地区和百姓，以及象牙印、敕书等。永乐十年敕封为慈智禅

①（清）智观巴·贡却乎丹巴饶吉著，吴均、毛继祖、马世林译：《安多政教史》，青海人民出版社，2017年11月，第201页。金巴达杰、洛仍年智桑杰加整理：《第四世夏麦尔班智达文集》（藏文10卷），民族出版社，2021年11月，第99页。

宏觉寺住持勺思吉监参创建的斯纳桑珠林寺

师。宣德二年封为通慧净觉国师，赐银印，彼师修建斯纳桑珠林寺和经堂。大明正统八年对斯纳喇嘛格勒坚参敕封同样的名号。大明嘉靖皇帝对索南勒巴喇嘛敕封同样的名号；四十三年对班觉尔勒巴喇嘛也敕封同样的名号。万历五年，对班觉尔坚赞喇嘛敕封同样的名号。大明崇祯七年，马南王百姓起义，占领了西宁城，斯纳的武力收复西宁城，献于皇上，封喇嘛班觉尔仁钦为灌顶国师，赐金印和敕书等，并在西宁城的东关敕建记功大牌楼一座，予以表扬。上述叔侄二师修建了塔尔寺怙主殿。大明顺治（原文此处似误。“大明”二字可能系误记）十年敕封班觉尔朋措喇嘛，为斯纳演教寺之职，在其前世的通慧净觉国师的名号上又加了灌顶大国师，拥有双重的名号。”①

明宣宗宣德元年（1426），宗喀大慈宏觉寺住持勺思吉监参被明宣德皇帝邀请前往被称为世界四大古都之一、十三朝古都和古代丝绸之路的起点，也是整个中原历史上的政治、经济、文化和佛教中心的长安，受命担任陕西行都使司西宁卫宗教领袖和长安荐福寺（小雁塔）住持，历时二十三载。大雁塔和小雁塔是长安城的标志性建筑。小雁塔建于唐中宗景龙年间（707—710），是为了存放唐代高僧义净大译师从天竺带回来的佛教经卷、佛教图册和传播佛法而建的。勺思吉监参在担任荐福寺住持期间，看见殿堂荒废，甚觉惋惜，遂发愿重修。明宣德七年（1432），勺思吉监参发心从宗喀大慈宏觉寺等地筹资，开始重修小雁塔和荐福寺废弛殿堂，到正统十四年重修完毕，共历时十七载。明英宗正统十四年（1449）小雁塔重修竣工后，他向朝廷乞赐寺名。明英宗亲笔敕赐“荐福寺”匾额，并立下了由正统皇帝赐圣旨碑的规矩。

其圣旨碑文全文如下：

圣旨

礼部为乞

恩事。礼科抄出。陕西西宁卫弘觉寺著僧勺思吉坚参奏，臣于宣德元年蒙钦赐度牒，回还到陕西西安府荐福寺住坐，见得本寺系古刹丛林，建立年远，殿堂废弛，宝塔见存。臣思是古迹，于宣

① （清）智观巴·贡却乎丹巴饶吉著，吴均、毛继祖、马世林译：《安多政教史》，青海人民出版社，2017 年 11 月，第 268—269 页。

西安荐福寺小雁塔前所立圣旨碑

正统皇帝赐宏觉寺住持勺思吉监参的圣旨碑和西安小雁塔

德七年发心，舍己衣钵及化缘修盖，前后殿宇围墙廊庑俱各完备。无有圣旨名额园，臣难以领众焚修。伏望圣旨怜惜，乞刹寺名。仍乞该部札，仰臣回还本寺，领众焚修，祝延圣寿，以图补报。仝将本寺盖完图样，随本进呈，开坐（？）具奏。正统十四年正月二十四日于通政使司官于奉天门奏，奉

圣旨："礼部审这僧怎么得绿琉璃，审的明白来说。"钦此。钦遵，审据勺思吉坚参说称，荐福寺系在陕西西安府城外西南三里。始自唐时建立，有王佛殿、天王殿、大配殿、藏殿、慈氏阁，俱是绿琉璃沿边，为因年远非迟（废弛），宣德七年间，勺思吉坚

参化缘修理，将旧琉璃沿边按盖完备。自行前来乞请寺名、札付。审所得此参照。本寺既是荐福寺废弛，化缘修盖，不合用着绿琉璃瓦沿边，合当有罪。缘奉钦依“礼部审这僧怎么得绿盖，审的明白来说”事理。未敢擅便，本年二月初六日本部官于奉天门奏，奉

圣旨：“准他还与作荐福寺本僧，不问。”钦此。钦遵据合通行除外，合行札作（付）本僧，前去本寺住持，恪守清规，领众奉（焚）修施行。须至札付者。

又札付荐福寺僧勺思吉坚参

准此

字陆号

正统十四年二月初七日对同都吏李升

札付[1]

《西宁弘觉寺与西安小雁塔〈正统圣旨碑〉》中，“明代前期与中央政府关系密切的青海地区的佛教寺院，在东面有乐都的瞿昙寺（关于瞿昙寺的情况，近年已有许多文章叙及，故本文不涉及），而在西宁一带则以西宁城中的弘觉寺为主”[2]。

---

① 陈庆英、仁庆扎西：《西宁弘觉寺与西安小雁塔〈正统圣旨碑〉》，《青海社会科学》1984 年第 3 期，第 105 页。

② 陈庆英、仁庆扎西：《西宁弘觉寺与西安小雁塔〈正统圣旨碑〉》，《青海社会科学》1984 年第 3 期，第 103 页。

九

明清时期获封名号的宗喀大慈宏觉寺八位国师

在明代史籍中，宗喀大慈宏觉寺派人进京朝贡传法的记载很多。《明实录》载：

（明英宗）正统十三年十一月辛卯，陕西宏觉等五寺国师札思巴锁南等遣喇嘛领占藏卜等，弘庆等六寺申冲等二族剌麻锁南札西巴等来朝。贡佛像、舍利、铜塔、驼、马。赐予钞币。（《明实录》卷一百七十二）

（明英宗）正统十四年春正月己丑，陕西西宁等府卫弘觉等寺番僧朵儿迦朵儿只，寿圣寺番僧藏卜巴失等来朝贡马及貂鼠皮、佛像、舍利，赐宴并彩币，表裹，钞等物。（《明实录》卷

一百七十四）

（明英宗）天顺二年春正月癸未，乌思藏等处喇嘛番僧藏完等，西宁弘觉寺国师札思巴锁南等……来朝贡铜佛、方物，赐宴并彩币表裹等物有差。(《明实录》卷二百八十六)

（明英宗）天顺二年二月乙未，西宁卫弘觉寺国师喇嘛札思巴锁南等，乌斯藏铁占令等寺喇嘛蕃僧瓦秀歪等，各来朝，贡马及方物。赐宴并赐彩币、表裹有差。(《明实录》卷二百八十七)

（明英宗）天顺三年二月丁丑，陕西河州卫，普纲寺禅师札失巴等，西宁慈利寺喇嘛锁南等，西宁弘觉寺喇嘛领真藏卜来朝，贡马及佛像，舍利。赐宴及彩币、表裹等物有差。(《明实录》卷二百二十九)

（明英宗）天顺四年夏四月丙寅，弘觉寺完卜喇嘛捨斡即尔等，来朝，贡马及方物。赐钞锭彩币。(《明实录》卷二百二十九)

（明英宗）天顺六年庚寅，乌思藏喇嘛僧人锁南桑尔加等，陕西西宁弘觉等寺完卜喇嘛千丹藏卜等，……各来朝。贡马、驼、海青、兔鹘、土豹、方物。赐宴并彩币、表裹有差。(《明实录》卷三百三十七)

近年来，宏觉寺的两座旧殿因年久失修而成为危房，受到青海省文物局高度重视，拨专款进行修复。在近期修复金佛堂旧殿时，在旧建筑的一根大梁和两座梁台上发现了宋代汉藏合璧的梁檩彩绘，以及在两根大梁上发现了明清时期的重要文物题记。

明永乐十一年（1413）："建修差太监刘建修灌顶净慈普应国师托思巴监参。"（西宁宏觉寺主梁文物题记）

宏觉寺旧址修缮时发现的重要文物题记

明宣德二年（1427）："敕赐弘觉寺金佛一堂灌顶净慈普应国师托思巴尖赞。"（西宁宏觉寺主梁文物题记）

明万历二十四年（1596）："万历二十四年六月二十日重修人本寺国师峨来（阿旺赤勒）众佃户文海等……（此处为若干位人名）。"（西宁宏觉寺主梁文物题记）

清康熙二十一年（1682）："康熙二十一年四月初九日建修大殿一座国师峨忘喷喃（阿旺索南）众佃户文地仓等六户功德主……（此处为若干位人名）。"（西宁宏觉寺主梁文物题记）

大清乾隆四十二年（1777）："大清乾隆四十二年岁次丁酉四月二十日黄河南佛僧加木样胡图克图橅羹张玉柱等倡众重修功德主……（此处为若干位人名）。"（西宁宏觉寺主梁文物题记）

通过题记所示年代和内容来看，此大殿在明清两代多次进行了修复，明代时朝廷派出太监主持修建并有敕赐的金佛一座，还设立了西宁卫僧纲司。由此可见明朝廷对河湟地区藏传佛教寺院宏觉寺的重视程度，也说明明清两代汉藏等多民族对宏觉寺修复做出了很大贡献。这座藏传佛教寺院大殿两个大梁题记也从一个侧面生动体现出明清以来河湟地区各民族交往交流交融的历史场景。

在明朝时期，宗喀大慈宏觉寺历代住持如托思巴监参、札思巴锁南、蕃僧朵儿迦朵儿只、领真藏卜、完卜拾斡即尔、完卜千丹藏卜、峩唻（阿旺赤勒）、峩忘喷喃（阿旺索南）等八人，先后被封为国师。宗喀大慈宏觉寺的历代住持除了精心培养高僧大德、弘扬佛学文化、利益众生之外，每年还会组织、率领藏传佛教各教派代表进京朝贡。来自朝廷的拨款，每年用以宗喀大慈宏

宗喀大慈宏觉寺

觉寺为中心的各地寺院修葺，以此祈福国泰民安。藏传佛教历代高僧大德皆以宗喀大慈宏觉寺为中心，并发心发愿在其周围，相继创建了众多大小寺院。由此亦可见，得到永乐、宣德、正统、天顺、万历等明朝帝王的大力支持，且在当时拥有上千名僧人的宗喀大慈宏觉寺，一直是青唐地区藏传佛教寺院中的首要寺院。其建筑规模不断扩大，在整个明朝可谓繁华一时，冠盖一方。

十

明清交替时期的宗喀大慈宏觉寺

明神宗万历五年（1577），三世达赖喇嘛索南嘉措受蒙古俺答汗邀请，前往蒙古地区和青唐地区，先后在宗喀大慈宏觉寺和塔尔寺金瓦殿、瞿昙寺、夏琼寺、丹斗寺，以及蒙古王室和各部落中讲经传法，传播宗喀巴大师的显密佛学文化。这时候的宗喀大慈宏觉寺依然是藏传佛教各教派融合、交流、传播的中心，而斯纳桑珠林是一座学习与传播萨迦派教法的寺院。因为青唐地区是宗喀巴大师的故乡，所以亟须创建一座宗喀巴大师教法的传播中心。有鉴于此，明万历十年（1582），在斯纳家族的大力支持下，由三世达赖喇嘛索南嘉措在宗喀巴大师的诞生之地，以原有的金瓦殿和两侧佛殿为中心，创建了宗喀巴大师显密佛学文化教育传播的主要基地——塔尔寺。斯纳喇嘛的传承从世袭制转向转

塔尔寺金瓦殿

世制的历代斯纳活佛，还建立了斯纳噶尔哇。[①]

明万历十一年（1583），瞿昙寺住持巴丹坚赞迎请三世达赖喇嘛索南嘉措到瞿昙寺传法时，三世达赖喇嘛授意，瞿昙寺与附近村庄毗连，俗世生活的嘈杂之音时常扰乱和影响僧人的学法修行，寺院应该与村庄分开而建。当时，三世达赖喇嘛授赐寺址，并赐名为“扎西当噶”。

直到“明万历四十七年（1619），僧人喜饶却旦在当地昂索伯丹嘉措和曲加彭措的支持下建成药草台寺，成立讲经学院，成

① 拉科·益西多杰编译：《藏传佛教高僧传略》，青海人民出版社，2007 年 4 月，第 198 页。

位于宗喀大慈宏觉寺东南处的卓仓大寺

清朝国师章嘉呼图克图祖庭——佑宁寺

为瞿昙寺僧人学经的主要地方。”[1] 三世达赖喇嘛索南嘉措后来在蒙古地区圆寂，四世达赖喇嘛云丹嘉措在蒙古地区出生。后来四世达赖喇从蒙古入藏途中，经大通河抵达佑宁寺原址，后到西宁宗喀大慈宏觉寺、塔尔寺驻留传法。

明万历三十二年（1604），入藏后的四世达赖喇嘛云丹嘉措派嘉色活佛端悦却吉嘉措到安多地区，在宗喀大慈宏觉寺东北处湟水河北岸龙王山麓兴建了佑宁寺，先后建成了嘉色寝宫、经堂及部分僧舍，并建显宗学院，初具寺院规模，[2] 在此续佛慧命，使宗喀巴大师的佛法得以继续传播和弘扬。

① 蒲文成主编:《甘青藏传佛教寺院》，青海人民出版社，1990 年 7 月，第 52 页。
② 蒲文成主编:《甘青藏传佛教寺院》，青海人民出版社，1990 年 7 月，第 75 页。

十一

清代初期的宗喀大慈宏觉寺

清代初期，格鲁派得到迅速发展。朝廷更加尊崇格鲁派，大力支持甘丹颇章政权。藏传佛教格鲁派势力渐渐居于主导地位。

清崇德二年（1637），固始汗率一万余精兵和硕特部众，突袭却图汗，以少胜多，攻占了青海广大游牧地区，最后统治了整个青海，宗喀大慈宏觉寺又成为固始汗供奉的寺院。两年后，即清崇德四年（1639），固始汗从青海进兵康区，攻打并击溃白利土司，又统治了白利土司以往的康区所有属地。

清崇德六年（1641），固始汗的大军乘胜进击，抵达拉萨，推翻了第悉藏巴政权，占领了卫藏地区。第二年，即清崇德七年（1642），固始汗在日喀则藏巴第悉驻锡地桑珠孜王宫，将其祖先元世祖忽必烈和帝师八思巴曾经建立的萨迦拉章政权，在元

固始汗与五世达赖喇嘛在日喀则桑珠孜王宫

明两个朝代被护持得以延续直至历代萨迦法王政教合一政权，献给了五世达赖喇嘛阿旺洛桑嘉措。[①] 因此，固始汗和五世达赖喇嘛共同建立了甘丹颇章政权，阿旺更噶索南为第二十一任萨迦法王，保留了历代萨迦法王在历史上的政治地位。固始汗为总管，五世达赖喇嘛为宗教领袖，索南群培被封为第悉。固始汗帮助五世达赖喇嘛、四世班禅大师建立了以达赖喇嘛为首的甘丹颇章政

① 拉科·益西多杰编译：《藏传佛教高僧传略》，青海人民出版社，2007 年 4 月，第 288 页。

五世达赖喇嘛与顺治皇帝在北京清宫廷

权，从此确立了格鲁派在藏传佛教中的统治地位。[1]

清康熙五年（1666），木雅明正土司被封为“长河西鱼通宁远军民宣慰使司”，并获赐敕印。他当时主要统治了嘉绒十八部等整个康区，青海地区仍由固始汗统治。

“紧接着罗桑却坚和五世达赖喇嘛、固始汗一起商定，为了及早与清王朝建立关系，得到朝廷的支持，派以伊拉固克散呼图克图和罗桑却坚的亲传弟子色钦曲杰·金巴嘉措（后称车臣法王）为首的使团去东北盛京（今沈阳）一面与皇太极通好，一面弘传格鲁派教法。这次使团东北之行取得了可喜而满意的成果，

① 拉科·益西多杰编译:《藏传佛教高僧传略》，青海人民出版社，2007 年 4 月，第 323 页。

与即将建立的清王朝建立关系，……清顺治皇帝登基后，先后派人去西藏召请色钦曲杰·金巴嘉措到京，作他的应供喇嘛，给顺治皇帝传授佛法，奉命建造北海白塔。后又几次遣使召请达赖喇嘛和班禅大师入京。”[①] 清顺治九年（1652），五世达赖喇嘛阿旺洛桑嘉措应顺治皇帝之邀，前往北京觐见。进京之际，固始汗、四世班禅、第悉索南群培，以及藏、蒙古僧俗群众皆来送行。五世达赖喇嘛一行从哲蚌寺甘丹颇章启程，沿途每到达一地，都受到藏、蒙古、汉、土、满族等僧俗群众的盛情迎接，并接受了马匹、骆驼、牛羊、茶叶等大量供养。他们翻山越岭、跋山涉水，备尝艰辛，终于到达北京紫禁城，得到顺治皇帝和大臣的隆重迎接。在京期间，他们不断接受王公大臣们的拜会、宴请，接受他们的大量供养，并应邀在黄寺讲经传法。离京之际，顺治皇帝和大臣们还在太和殿为五世达赖喇嘛设宴饯行，并赏赐封册、鞍马、金银、珠宝、缎匹等物品。五世达赖喇嘛一行到达凉城汇祥寺时，顺治皇帝派大臣送上亲自册封五世达赖喇嘛的有汉、蒙古、满、藏四种文字的金册、金印。金印全文“西天大善自在佛所领天下释教普通瓦赤喇怛喇达赖喇嘛”[②]。

清顺治十年（1653），五世达赖喇嘛和随从一行从北京黄寺启程返藏，途中经大通河、妙因寺、广惠寺，之后驾临塔尔寺和宗喀大慈宏觉寺，给藏、蒙古、汉、土族等上万僧俗信教群众讲授了宗喀巴大师的《菩提道次第论》等显密佛学经典。之后，在

① 拉科·益西多杰编译：《藏传佛教高僧传略》，青海人民出版社，2007年4月，第323页。

② 拉科·益西多杰编译：《藏传佛教高僧传略》，青海人民出版社，2007年4月，第288页。

宗喀大慈宏觉寺周围的寺院布局图

清政府的大力支持下，青海的高僧大德们，在以宗喀大慈宏觉寺为中心的周围地区，继续扩建了其他寺院。

清顺治五年（1648），东科尔活佛多曲嘉措在湟水河北岸华石山下创建了东科尔寺具善法轮洲，也叫东科寺。

清顺治六年（1649），却藏活佛南杰环觉创建了却藏寺，依次修建了大经堂、小经堂、护法殿、弥勒殿等。

清顺治七年（1650），赞布端珠嘉措在青海厄鲁特蒙古首领赛钦洪台吉等人的支持下，创建了广惠寺，也叫郭莽寺。

曾经在塔尔寺与宏觉寺驻锡弘法的七世达赖喇嘛塑像

宗喀大慈宏觉寺的创建与扩展，也是一步一步发展起来的。当初，吐蕃赞普松赞干布以拉萨大昭寺为中心，其四周各方为镇煞净地修建了八座寺庙；莲花生大师创建山南桑耶寺时，在其周围十方修建了十二座寺院；宗喀巴师徒以拉萨大昭寺为中心，在其周围创建了甘丹、色拉、哲蚌等寺院。同样，历代帝师、达赖、班禅、国师及青海的呼图克图们，都以后弘期兴盛地宗喀大慈宏觉寺为中心，发心发愿，积少成多，奉献出各自所能，为传播佛学文化，不断地兴建新的寺院，形成一个庞大的寺院群落。其四周十方依次修建了十座寺院，即东有瞿昙寺，东南处有卓仓大寺，南有夏琼寺，西南处有塔尔寺，西有东科寺，西北处有广惠寺，北有却藏寺，东北处有佑宁寺，上有斯纳桑珠林寺，下有鸿化寺。

清康熙五十三年（1714），清朝中央政府令七世达赖喇嘛格桑嘉措从四川德格到青海塔尔寺。七世达赖喇嘛有 6 年时间主要驻锡在塔尔寺学习佛学文化知识，同时也在宗喀大慈宏觉寺和夏琼寺等寺院驻锡学习佛学文化，还向蒙古、藏、汉、满族等僧俗群众传播了佛法。康熙五十九年（1720）正月，允禵带领皇孙宁亲王、六位大臣等到塔尔寺，向格桑嘉措传达入藏的决定。在清朝中央政府支持下，七世达赖喇嘛由藏、汉、满、蒙古首领护送，前往西藏。[①]

① 拉科·益西多杰编译:《藏传佛教高僧传略》，青海人民出版社，2007 年 4 月，第 298 页。

十二

清乾隆重建修缮的宗喀大慈宏觉寺

清乾隆四十四年（1779），六世班禅额尔德尼华丹益西应乾隆皇帝之邀进京朝觐。清政府对其礼遇有加，特意为六世班禅兴建了承德福寿寺和北京西黄寺。乾隆皇帝在承德避暑山庄与六世班禅大师相见。在承德福寿寺和北京西黄寺，六世班禅大师为乾隆皇帝和大臣进行了灌顶并传授了宗喀巴大师的显密佛法。

据《黄正清自传》记载："我们到西宁后，驻在黄酒寺（宏觉寺）。为何称'黄酒寺'呢？六世班禅从卫藏启程进京时，正值隆冬以黄酒调和泥巴来建造行宫，因此也称之为'黄酒寺'。后来，六世班禅把宏觉寺赐给第二世嘉木样。"[1] 六世班禅此次之

[1] 黄正清：《黄正清自传》（藏文），民族出版社，1994 年 4 月，第 34 页。

宏觉寺班禅行宫内的乾隆皇帝和六世班禅宝座

行，沿途先后驻锡于塔尔寺和宗喀大慈宏觉寺、西安广仁寺，讲经传法。乾隆皇帝出于尊重和爱护，还特派大臣全面重修了宏觉寺班禅行宫、行宫大殿、行宫护法殿等大小殿堂。时值隆冬季节，为了加快施工进度，工匠们用黄酒调和泥浆，如期完成了全寺的修缮。乾隆皇帝把这座修缮一新的宗喀大慈宏觉寺赐给六世班禅大师，从此成为历代班禅大师在青海的重要驻锡地和弘扬佛学文化的道场。“班禅仁波切赴内地时，从塔尔寺启程，在西宁城（宏觉寺）驻锡，然后途经平中驿（平安区），河北岸玛藏喇钦（白马寺）驻锡。”[1]

①（清）智贡巴·贡去乎丹巴绕布杰著，毛兰木嘉措校订：《安多政教史》（藏文），甘肃民族出版社，1987 年 8 月，第 136 页。

历代班禅都是宗喀巴大师佛学文化教育的虔诚继承者和传播者。一世班禅大师是宗喀巴大师显密教法的主宰者，也是宗喀巴大师唯一的心传弟子。四世班禅大师在藏传佛教界被认为是“第二个宗喀巴大师”。宗喀巴大师出生地在今青海塔尔寺，3 岁受皈依戒；7 岁出家，开始学习佛学文化知识；16 岁入藏，在 40 余位著名佛学大师门下，系统地学习了大小十明等显密佛学法，并创建了西藏甘丹寺，开创了西藏祈愿大法会。[①] 宗喀巴大师 63 岁时在甘丹寺圆寂。大师生前，他的母亲曾几次邀请他回家，然而为了弘扬佛法和利益众生，大师一直四处讲经传法，为了众生而无暇顾及个人的恩报，最终其母未能如愿以偿。宗喀巴大师虽然入藏后未能返回家乡弘扬他所开创的格鲁派佛法，但六世班禅大师代替宗喀巴大师，在宗喀巴大师的家乡塔尔寺和宗喀大慈宏觉寺大力弘扬和传播了宗喀巴大师开创的格鲁派佛法。

六世班禅在几个月时间内，在塔尔寺和宗喀大慈宏觉寺，向来自各大小寺院活佛、住持、高僧大德、僧众，以及宗喀巴大师家乡青海各地区成千上万的藏族、蒙古族、汉族、满族、土族等信教群众，举行了盛大法会，广泛传播了以菩提道次第为主的宗喀巴大师显密佛法。

当时，六世班禅大师任命其心传弟子、甘肃拉卜楞寺二世嘉木样·晋美旺波为宗喀大慈宏觉寺住持。[②] 一世嘉木样是五世达

① 拉科·益西多杰编译：《藏传佛教高僧传略》，青海人民出版社，2007 年 4 月，第 272 页。

② 黄正清：《黄正清自传》（藏文），民族出版社，1994 年 4 月，第 34 页。

塔尔寺

赖喇嘛和五世班禅的高足，[1] 也是赫赫有名的藏传佛教大学者，他为了格鲁派教法的继承和发展，撰著了体系完整的佛学文化教育教材，成为藏传佛教格鲁派的泰斗级人物，也是西藏地方拉藏汗的根本上师。[2] 1648 年，一世嘉木样诞生在夏河甘加地方哇西

① 拉科·益西多杰编译:《藏传佛教高僧传略》，青海人民出版社，2007 年 4 月，第 395 页。

② 拉科·益西多杰编译:《藏传佛教高僧传略》，青海人民出版社，2007 年 4 月，第 396 页。

家族，从小在持戒高僧益西嘉措门下出家为僧，取法名为“阿旺尊哲”。21 岁时，入西藏哲蚌寺果芒扎仓学习，依止章嘉阿旺却丹和聂唐巴喜绕迥巴为师，学习了五部大论和显密佛法。33 岁至 53 岁间，在哲蚌寺格湃山闭关修行。53 岁至 60 岁，担任果芒扎仓堪布。[1] 1709 年，在当时西藏地方治理者拉藏汗的大力支持下，被固始汗五子伊勒都次子青海蒙古亲王察罕丹津迎请到安多地区，与蒙古亲王察罕丹津联盟，建立了朵思麻拉卜楞拉章政权。为安多地区社会稳定与发展，弘扬传播宗喀巴大师佛学文化教育，创建了甘肃拉卜楞寺。从第一世嘉木样开始，历代嘉木样在甘肃、四川、青海等地创建了 108 座寺院。1720 年，清康熙皇帝封赐一世嘉木样“扶法禅师班智达额尔德尼诺门罕”称号，同时赐予金印。[2]

二世嘉木样·晋美旺波是六世班禅、七世达赖喇嘛、萨迦法王贡噶罗哲、章嘉·若必多吉等大师的高足，也是拉卜楞寺寺主和拉卜楞拉章政权首领。清雍正六年（1728），二世嘉木样诞生，系尖扎昂拉千户阿旺南杰之子。他从小在东科活佛和高僧罗哲嘉措门下，系统地学习了《藏文文法》等通用文化学科。16 岁在拉卜楞寺坐床闻习了《五部大论》等佛学文化。25 岁，前往西藏进入哲蚌寺果芒扎仓学习，先后依止六世班禅、七世达赖喇嘛、萨迦法王贡噶罗哲、章嘉·若必多吉等为师，全面学习和继承了显密佛学文化理论体系。西藏地方政府颁他“班智达诺门罕”称号。1759 年，他从西藏回到拉卜楞寺，加强了拉卜楞寺

① 拉科·益西多杰编译：《藏传佛教高僧传略》，青海人民出版社，2007 年 4 月，第 396 页。

② 蒲文成主编：《甘青藏传佛教寺院》，青海人民出版社，1990 年 7 月，第 519 页。

宗喀大慈宏觉寺住持二世嘉木样活佛唐卡画像

佛学文化教育体系，培养了众多高僧大德，完善了拉卜楞拉章政权。[1] 1763年，他先后担任了宗喀大慈宏觉寺、塔尔寺、夏琼

① 拉科·益西多杰编译：《藏传佛教高僧传略》，青海人民出版社，2007年4月，第435页。

历代嘉木样活佛祖庭——甘肃拉卜楞寺

寺、佑宁寺等寺院住持（法台）。[①] 二世嘉木样依照西藏大昭寺和三大寺惯例，其主持的大型法会活动一般都在宗喀大慈宏觉寺举行。1772 年，乾隆皇帝封其为“扶法禅师班智达额尔德尼诺门罕呼图克图”。[②] 从此，历代嘉木样成为宗喀大慈宏觉寺住持。该寺还成为拉卜楞拉章政权在青海的活佛、高僧大德、地方千百户官员商谈重大政教事务的主要场所。

① 拉科・益西多杰编译：《藏传佛教高僧传略》，青海人民出版社，2007 年 4 月，第 435 页。

② 蒲文成主编：《甘青藏传佛教寺院》，青海人民出版社，1990 年 7 月，第 519 页。

三世嘉木样·晋美嘉措，12 岁时在贡唐丹贝仲美大师座前出家；16 岁时在土官却吉尼玛处学习佛学文化；18 岁前往西藏，在哲蚌寺学习了格鲁派佛学理论教材。1812 年，他前往扎什伦布寺，在七世班禅丹贝尼玛座前受比丘戒。之后返回拉卜楞寺，并担任了拉卜楞拉章政权首领。1849 年，清政府封其为“扶法禅师”。[①] 他先后在以宗喀大慈宏觉寺为中心的广惠寺、却藏寺、佑宁寺、塔尔寺、夏琼寺传授了宗喀巴大师菩提道次第和了义不了义等佛学文化，圆满了弘扬佛法、利益众生的事业。后来，已经具备了学佛修行环境条件的塔尔寺和佑宁寺等宗喀大慈宏觉寺周围的九大寺院，由于清政府和蒙古王公的大力支持，迅速发展成为上千乃至数千僧人规模的大寺。因此，宗喀大慈宏觉寺和瞿昙寺也就在这一过程中渐渐退居边缘，失去了往日的中心地位。

四世嘉木样·土丹旺秀于清咸丰十年（1860）在拉卜楞寺坐床。他幼年时在拉卜楞寺至尊喜饶嘉措大师座前出家，跟从大师学习了因明学和般若学理论体系。1875 年前往西藏，在哲蚌寺果芒扎仓全面学习了五部大论理论体系。返回拉卜楞寺后，他担任了拉卜楞拉章政权首领，创建了密宗喜金刚学院，并传授了嘉木样五部大论理论体系教材。“西宁城内以南有嘉木样觉卧佛殿，由三四座合院构成，内供觉卧佛眷属一堂。”[②] 1883 年，他应邀前往宗喀巴大师的家乡，先后担任了塔尔寺和宗喀大慈宏觉寺住持，传授了宗喀巴大师的显密佛法。1898 年，四世嘉木样进京朝觐，拜见了光绪皇帝，1900 年，受赐金印金册，获封“广济

① 蒲文成主编：《甘青藏传佛教寺院》，青海人民出版社，1990 年 7 月，第 520 页。
② 金巴达杰、洛仍年智桑杰加整理：《第四世夏麦尔班智达文集》（藏文 10 卷），民族出版社，2021 年 11 月，第 110 页。

禅师”称号。[1]曾赴五台山朝拜，后又前往蒙古、青海、前后藏、阿里、康区、巴塘、理塘等地，每至一地，皆续佛慧命，孜孜不倦地向该地僧俗信教群众讲经传法。

① 蒲文成主编：《甘青藏传佛教寺院》，青海人民出版社，1990 年 7 月，第 520 页。

十三

民国时期的宗喀大慈宏觉寺

中华民国时期，宏觉寺进入五世嘉木样·丹贝坚赞时期。五世嘉木样于民国五年（1916）出生在理塘，被九世班禅认定为四世嘉木样转世灵童。从小在拉科仁波切座前出家，并开始学习佛学知识。在拉卜楞寺大学者慈成嘉措和铁部贡却座前，用十几年的时间全面学习了五部大论。自二世嘉木样以来，宏觉寺不仅是拉卜楞拉章在青海各大小寺院活佛、高僧大德佛学思想的交流中心，而且成为蒙藏千户百户之间的政治联络中心。1933 年，国民政府封五世嘉木样为“辅国阐化禅师嘉木样呼图克图”。[1] 五世嘉木样担任拉卜楞拉章首领和宗喀大慈宏觉寺住

① 蒲文成主编：《甘青藏传佛教寺院》，青海人民出版社，1990 年 7 月，第 520 页。

朵思麻拉卜楞拉章首领——第五世嘉木样

持时，与拉卜楞拉章总管黄正清和河南蒙旗亲王更噶环觉一道，进一步完善了拉卜楞拉章政权机构。[①]但是，由于统治青海多年的马氏家族与拉卜楞拉章之间一直存在冲突，宗喀大慈宏觉寺再次走向衰落。所幸的是，经由九世班禅大师的护持、关心和支持，在一定程度上恢复了宗喀大慈宏觉寺的部分历史地位和

① 蒲文成主编：《甘青藏传佛教寺院》，青海人民出版社，1990 年 7 月，第 512—513 页。

九世班禅大师从西宁宗喀大慈宏觉寺经过兰州到达南京

影响。

九世班禅额尔德尼·曲吉尼玛，于清光绪九年（1883）出生在西藏达布地区。从小在十三世达赖喇嘛座前出家，之后又在扎什伦布寺依止了洪章旦增汪杰大师，学习了五部大论。1914年在扎什伦布寺创建了七层高的弥勒佛殿。1923年11月15日前往青海，用几个月的时间在塔尔寺和宗喀大慈宏觉寺，向来自青海、甘肃、四川等地区各大小寺院活佛、堪布、住持、格西、高僧大德、千百户官员等上千万僧俗信教群众，传授了宗喀巴大师菩提道次第等显部经典和大威德金刚灌顶，以及四世班禅大师所著的上师瑜伽等众多佛法教义。

1925年，应国民政府邀请，九世班禅大师从宗喀大慈宏觉寺经兰州、西安、太原、五台山、内蒙古、沈阳、北京，长途跋涉，最后到达南京，受到国民政府的隆重迎接。依照历代班禅制

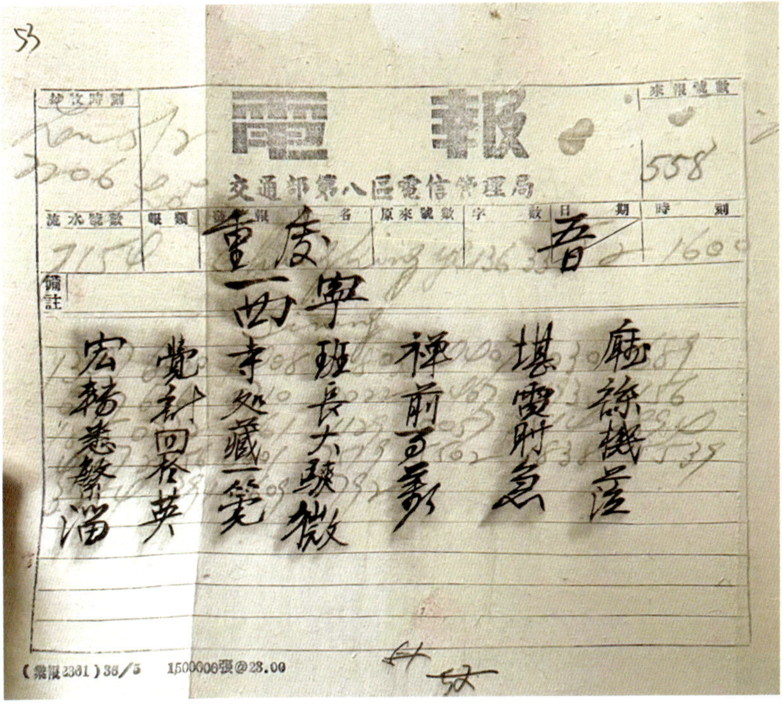
電報
交通部第八區電信管理局

1930 年国民政府在重庆向宏觉寺班禅堪厅办公处计晋美处长发的电报

度惯例，国民政府赐予了金印金册，封九世班禅为“护国宣化广慧大师”。[①] 九世班禅大师还在各地举行了数场时轮金刚灌顶等大法会，弘扬佛法，利益众生。1933 年，由国民政府派出官兵严加护送，九世班禅大师经南京、西安、宁夏、兰州，最后抵达西宁宗喀大慈宏觉寺、塔尔寺。

1935 年，九世班禅大师在塔尔寺应各大小活佛、格西、高僧大德以及广大僧俗群众的祈求，举行了第八次时轮金刚大法

① 拉科·益西多杰编译：《藏传佛教高僧传略》，青海人民出版社，2007 年 4 月，第 345 页。

帝师亦怜真创建的文都大寺

会。1936 年又应五世嘉木样和六世贡唐仓大师的邀请，前往拉卜楞寺，向来自甘肃、四川、青海各地的成千上万僧俗信教群众举行了第九次时轮金刚灌顶大法会，这也是大师人生中举行的最后一次时轮金刚大法会。法会期间，九世班禅大师与被称为拉卜楞寺宗喀巴大师化身的拉科仁波切互相拜师，互相传法。之后，九世班禅大师又到青海塔尔寺，在国民政府官兵和当地活佛、高僧大德、僧俗群众的护送下，从西宁宗喀大慈宏觉寺启程进藏。

1937年12月1日，九世班禅大师在艰辛的入藏途中，在青海玉树结古寺圆寂。

拉科仁波切晋美成列嘉措，于清同治五年（1866）二月十一日诞生在青海文都萨迦昆氏家族。5岁时，在拉卜楞寺高僧喜饶嘉措座前出家为僧，受沙弥戒。之后在高僧香顿丹巴坚措座下拜师学习了显宗五部大论。1885年在拉卜楞寺郭莽仓活佛门下受比丘戒，然后在扎西格湃闭关修习密宗四续长达八年，获得了证悟大境界。此后，他讲经说法不用法本，所有经文自然显现，成为20世纪著名的藏传佛教格鲁派诸教诫传承持有者，被称为“宗喀巴大师化身”。因此，他才与九世班禅大师互相传法，五世嘉木样等青海、甘肃、四川等地区寺院的各大活佛、高僧大德皆拜他为师学习佛法，他也被称为藏传佛教格鲁派的一代宗师。后来，他担任宗喀大慈宏觉寺住持。拉科仁波切用七年时间，在文都寺、塔尔寺、宗喀大慈宏觉寺培养十世班禅大师，传授了显密主要教法的传承。

拉科仁波切于1936年7月——九世班禅大师在拉卜楞寺举行第九次时轮金刚灌顶大法会期间，[1]与九世班禅大师交谈时谈道，青海是藏传佛教后弘期发祥地，又是宗喀巴大师的故乡，而马氏家族在统治青海时期，时刻存在着冲突和镇压等暴力之举，僧俗群众处在水深火热的苦难之中。这时，九世班禅向拉科仁波切发问：“您家在哪里？是何族？家有何人？”拉科仁波切答道：“我家系青海文都，族为萨迦昆氏，有两个侄子。”九

① 拉科・益西多杰编译：《藏传佛教高僧传略》，青海人民出版社，2007年4月，第346页。

世班禅接着又问："您的两位侄子现在何处？"答曰："两位侄子已参加法会。"随后，拉科仁波切获得九世班禅大师的恩准，把两位侄子领到九世班禅大师膝下，九世班禅向拉科仁波切的大侄子、文都千户古公才旦特赐了一条哈达和一尊无量光佛像。

十四

新中国成立初期的宗喀大慈宏觉寺

十世班禅额尔德尼确吉坚赞，于1938年正月初三诞生在青海文都萨迦昆氏家族。3岁时到文都千户祖寺——文都寺，在拉科仁波切座前受皈依戒，开始学习佛学知识。1944年6月4日，在塔尔寺被认定为九世班禅大师转世灵童。在拉卜楞寺著名活佛拉科仁波切的主持下，由十大活佛在宗喀巴大师诞生地菩提塔前为其举行出家仪式，法名为“确吉坚赞”。因拉科仁波切过去曾向九世班禅大师祈求过，此为缘起，故后来九世班禅大师转生到文都千户家，古公才旦成了十世班禅大师的父亲，拉科仁波切也成为十世班禅大师的根本上师。

1949年8月10日，由班禅堪布会议厅和青海省人民政府主持，在塔尔寺文殊大讲经院举行十世班禅坐床仪式。当时，国民

十世班禅与其根本上师拉科仁波切

政府代表关吉玉、青海省政府主席马步芳、青海和甘肃各大寺院活佛、堪布、高僧大德，以及千百户官员和僧俗群众等上万人参加了坐床庆典。之后，十世班禅先后七年时间，常驻在塔尔寺和宗喀大慈宏觉寺，在拉科仁波切座前，系统地接受了显密佛学文化教育和密宗灌顶诸传承，并在大格西晋美嘉措门下，学习了因明学和般若学等显宗理论体系。在恩久仁波切膝下，十世班禅大师主要接受了人文伦理学和历代班禅政教事务教育体系。在嘉雅

清乾隆皇帝修建的宗喀大慈宏觉寺班禅行宫

活佛处，主要学习了《藏文文法》《天文历算》《辞藻学》《声明学》《诗镜》等通用学科的基础知识。

新中国成立前夕，1949 年 9 月，受堪布会议厅的邀请，十世班禅一行从西宁宗喀大慈宏觉寺赴都兰香日德寺。10 月 1 日，中华人民共和国成立之际，少年十世班禅出于满腔真诚的爱国热情，当即致电毛泽东主席和朱德总司令，表达了拥护中国共产党和祖国统一的强烈愿望。1951 年 4 月，十世班禅从西宁宗喀大慈宏觉寺出发，应邀前往北京，参加《中央人民政府和西藏地方政府关于和平解放西藏办法的协议》（简称《十七条协议》）签订仪式。途经西安时，习仲勋代表中共中央西北局和西北军政委员会，亲往机场迎接。在机场，这位英俊年少的活佛与和蔼可亲的习仲勋一见如故，相谈甚欢。习仲勋也为这位仪

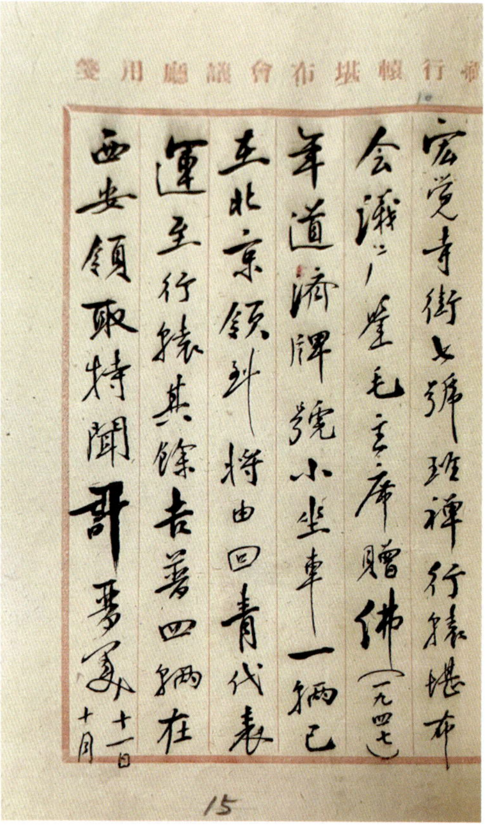
行轅堪布會議廳用箋

宏觉寺街七號班禪行轅堪布
会議廳呈毛主席贈佛（一九四七）
年道濟牌號小坐車一輛已
在北京領到將由回青代表
運至行轅其餘吉普四輛在
西安領取特聞 [illegible]
十月 十一日

15

1947 年 10 月 11 日宏觉寺班禅行辕堪布会议厅呈毛主席赠十世班禅的文史资料

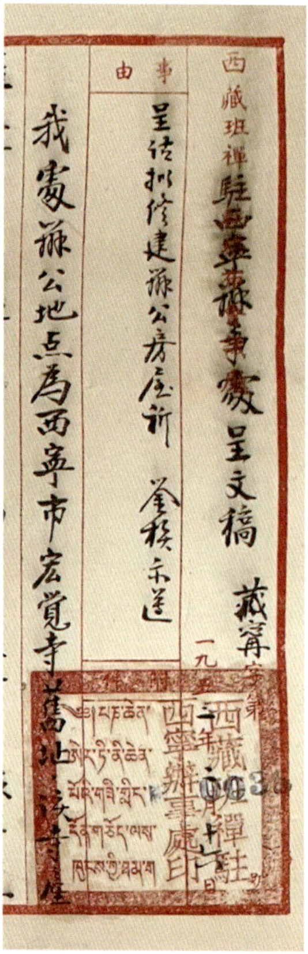
西藏班禪駐西寧辦事處呈文稿 藏寧字第

事由

呈請批修建辦公房屋祈 鑒核示遵

我處辦公地点為西寧市宏覺寺舊址

1952 年 2 月 16 日西藏班禅驻西宁办事处地点设在宏觉寺的文史资料

表英俊的少年活佛和无数藏族信众逢到了一个改天换地的伟大时代而感到由衷的高兴。习仲勋感叹道：有志不在年高哇！这一年，十世班禅 13 岁。

在这之后，十世班禅先后在西安广仁寺，北京白塔寺、雍和宫、西黄寺等寺院讲经传法。1951 年，举国上下庆祝“五一”劳动节期间，十世班禅和阿沛·阿旺晋美应邀到天安门城楼观

都兰香日德寺，少年十世班禅在此向毛主席、朱总司令致电祝贺新中国成立

礼，受到了毛主席的亲切接见。这是十世班禅第一次见到敬爱的毛主席。6 月 21 日，十世班禅返回青海途中经过西安时，与习仲勋第二次见面，受到习仲勋的亲切勉励。十世班禅回到青海后，驻锡在西宁宗喀大慈宏觉寺和塔尔寺学习、修行，为即将在塔尔寺举行的时轮金刚灌顶大法会做准备。9 月，十世班禅在塔尔寺隆重举行了有来自青海、甘肃等地的高僧大德、地方官员、僧俗群众等十几万信教群众参加的时轮金刚灌顶大法会。

十五

习仲勋与十世班禅的伟大友谊从宏觉寺开启

1951 年 12 月 15 日，习仲勋代表党中央、毛泽东主席、周恩来总理来到青海西宁宗喀大慈宏觉寺，为即将首次进藏的十世班禅送行。19 日，习仲勋在西宁宗喀大慈宏觉寺亲自主持，举行了有青海省党政军代表和来自青海、甘肃各地区和各大寺院活佛、高僧大德、地方千百户、僧俗群众参加的十世班禅送行仪式。十世班禅启程前向习仲勋拜别，习仲勋紧紧握着十世班禅额尔德尼·确吉坚赞的手，献上了洁白的哈达，高兴地说道：祝佛爷一路顺风！

1952 年 4 月 8 日，十世班禅额尔德尼·确吉坚赞一行，历经 4 个多月跋山涉水的风雨劳顿，到达拉萨，至 6 月 30 日返

新中国成立后，少年十世班禅在塔尔寺向信教群众讲话

回了梦寐思归的扎什伦布寺。至此，十世班禅登上了历代班禅大师的宝座，并举行了盛大坐床仪式。在此依止恩久活佛和大格西阿旺尼玛，继续学习《中观论》《俱舍论》《戒律论》等五部大论。

1954 年 9 月，十世班禅在北京参加了第一届全国人民代表大会，当选为全国人大常委会委员，12 月，被选为全国政协副主席。年底，十世班禅到全国各地参观，路经青海西宁时，驻锡在宗喀大慈宏觉寺，并先后到塔尔寺、循化文都故居、文都大寺、拉卜楞寺等地进行灌顶、讲经、传法。

1956 年 4 月 22 日，西藏自治区筹备委员会成立，十世班禅出任第一副主任委员。

1956 年 11 月 25 日，十世班禅在印度新德里参加了佛祖释迦牟尼涅槃 2500 周年纪念大会，并在印度波罗奈斯佛学院被授

习仲勋同志、喜饶嘉措大师等在宏觉寺为十世班禅赴藏送行纪念照

予佛学班智达学位。

1958 年，十世班禅在扎什伦布寺盛大的五部大论辨经法会上，取得了佛学的最高学位“噶钦”（善知识）。

1961 年 12 月，十世班禅作为全国人大常委会副委员长，不但承担着西藏方面的很多工作，还不辞劳苦，相继到达四川、云南、甘肃、青海等涉藏地区视察。在青海视察工作时，他仍然不忘在西宁宗喀大慈宏觉寺和塔尔寺讲经传法，协商和处理很多事务。

此后，习仲勋与中共中央西北局受中央委托，一直负责同十世班禅大师的直接联系，彼此间结下了深厚的革命友谊，亲如一家人。习仲勋到中央工作后，在 20 世纪 50 至 60 年代初期的十年间，每逢十世班禅进京或离京返藏时，无论工作多么繁忙，都

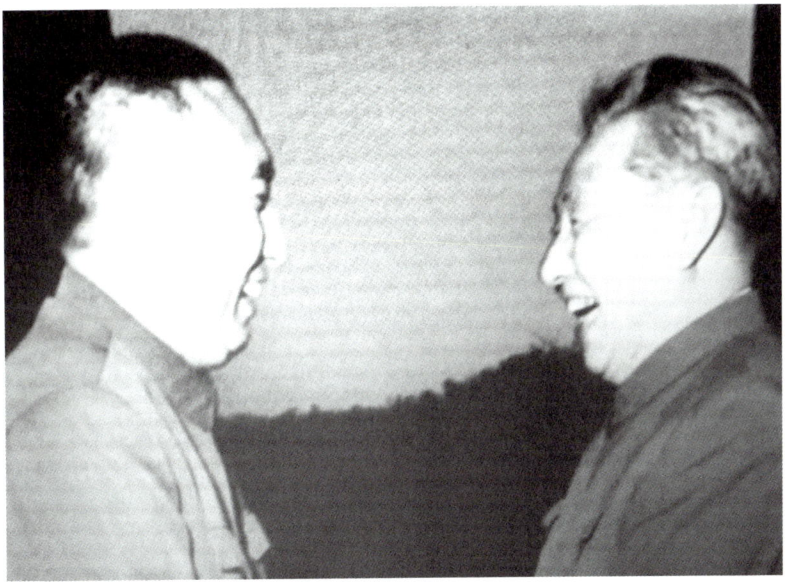

习仲勋和十世班禅大师久别重逢

会拨冗亲往机场或车站迎送。

十世班禅和习仲勋两人自 1962 年分别后，各自都经历了一段曲折坎坷、不堪回首的岁月。他们个人命运的遭际，与整个国家和民族的命运紧紧地联系在一起。在时隔 16 年后，他们才再次相见。当时，他们在人民大会堂举行的全国政协五届一次会议上久别重逢，两人紧紧拥抱在一起，半天说不出话来。两位伟大人物为了国家和民族的幸福安宁和繁荣昌盛而缔结的伟大友谊，经受住了漫长和严酷的历史考验。

习仲勋主政广东时，十世班禅曾专程去看望。习仲勋重返中央工作后，从 20 世纪 80 年代初起，每年春节或藏历新年，习仲勋全家必定有一天是与十世班禅在一起度过的，而十世班禅每年都要给习仲勋家里送去两只羊，表达他心中的爱戴与感激。据习

1980 年十世班禅大师在青海视察

仲勋回忆说："出门要告别，回来要谈心，这是他（十世班禅大师）长期同我交往的一个老习惯了。"习仲勋充分肯定了十世班禅爱国爱教、忧国忧民和直言不讳的可贵精神。而在十世班禅眼里，习仲勋更是他最值得信赖、最为爱戴的师长和朋友。

十世班禅在 1980 年、1983 年、1987 年，曾经三次视察青海，其间到西宁、塔尔寺、海北、海南、黄南、海东，以及循化文都故居和文都大寺等地，恢复和重光了很多寺院，每到一地就极力向各位活佛、高僧大德、僧俗群众进行灌顶、讲经传法，身体力行地传播和弘扬佛法。同时还宣传党和国家的宗教信仰自由政策，教育信教群众爱国爱教，加强民族团结，遵纪守法。

历经磨难，始见真情。习仲勋与十世班禅的友谊之所以能够终生不渝、光辉照人，并为后人所传颂，其根本原因是他们都不是仅仅出于个人的私谊考虑，而是把对党和国家的热爱放在首

十世班禅大师邀请邓颖超、习仲勋、赵朴初等领导参加中国藏语系高级佛学院成立大会

位，两位伟大人物的所思所想，都是从党和国家对各民族的关怀出发，把国家利益和民族大义作为各自的道义担当。

1987 年 7 月 1 日，在邓颖超和习仲勋的大力支持和十世班禅的倡导和主持下，经中央批准，在北京创办了中国藏语系高级佛学院。十世班禅担任院长，其目的就是要为国家培养更多的在政治上热爱祖国、在宗教上有较高造诣的佛学高僧大德和后备人才。

从 1951 年 12 月 15 日在青海西宁宗喀大慈宏觉寺第一次进藏时亲为送行、敬献哈达开始，“出门要告别，回来要谈心”，已经成为习仲勋与十世班禅两人长期交往的一个动人的传统和老

毛泽东主席与 13 岁的十世班禅亲切交谈

习惯。

1989 年 1 月 8 日早晨 9 时，十世班禅在天安门广场人民英雄纪念碑前，为敬爱的周总理敬献了花圈和哈达。然后又专程去向习仲勋道别，并敬献了哈达。第二天，即 1 月 9 日，十世班禅离京赴西藏日喀则，去参加五世至九世班禅合葬灵塔东陵扎什南捷的落成开光典礼。

谁也没有想到，十世班禅与习仲勋的这次见面与分别，竟然成了这两位伟人最后的一次相聚与分别。1989 年 1 月 28 日，十世班禅在扎什伦布寺安详示寂。惊闻这一消息，习仲勋悲痛万分，手捧十世班禅最后一次赠送给他的哈达，禁不住流下了滚滚热泪。回顾两人在漫长岁月里结下的深厚、无私的友谊，习仲勋含着悲痛撰写了一篇怀念十世班禅的文章，发表在《人民日报》上，字里行间，情真意切，读来让人动容。

十世班禅大师与夏茸尕布亲切交谈

1987 年 10 月 15 日，在青海胜利宾馆里，十世班禅曾对夏茸尕布和父母亲等人讲过这样一番话语：“我七岁开始，每次到青海西宁时，一直都住在宗喀大慈宏觉寺。这几年三次青海视察时，都住在胜利宾馆。从历史上看，六世班禅和九世班禅都到西宁时，也曾经驻锡在宗喀大慈宏觉寺。其间与历代中央政府建立关系，处理各政教事务，还向僧俗信教群众讲经传法，都与宗喀大慈宏觉寺密切相关。我也从十三岁开始在宗喀大慈宏觉寺，向党中央和国务院、毛主席、周总理、朱德、习仲勋等党和国家领导人建立起密切的关系，同心同德，共同合作。特别是 1951 年 12 月 15 日，我十三岁首次进藏之际，习仲勋同志代表党中央和毛主席从西安专程到青海西宁宗喀大慈宏觉寺送行。从此，习仲勋同志和我俩人结下了亲密无间的四十年深厚友情。还有我有幸对党和国家所做的贡献，也是从宗喀大慈宏觉寺开始的。所以，夏茸尕布你要恢复西宁大佛寺，我将要恢复宗喀大慈宏觉寺。我下次到青海视察，到西宁时一定住在宗喀大慈宏觉寺。这对信教群众讲经传法、摸顶祈福都很方便，所以我们宗教界人士住宾馆还不如住在寺院。在西宁市内把这两座千年古寺要恢复起来，对研究历史和发展佛学文化教育，信教群众烧香拜佛都很方便。”①

在后来的日子里，宗喀大慈宏觉寺在时任青海省人大常委会副主任夏茸尕布的协调下，得到青海省人民政府高度重视，省人民政府作出了进一步落实政策的重要批示，并批准列为省级重点文物保护单位。夏茸尕布遵照政府批复和十世班禅大师的殷切嘱托，安排部署，重新恢复修建了西宁大佛寺。

① 十世班禅大师母亲尧西·索朗卓玛口述，噶尔哇·阿旺桑波记录、整理。

十六

“一带一路”上的宗喀大慈宏觉寺

当历史的脚步迈进新时代，千年古刹宗喀大慈宏觉寺也迎来了前所未有的新机遇，开启了一段崭新历程。这座有着悠久历史和辉煌功绩的古刹，也将在“一带一路”倡议的伟大建设中发挥出更大的作用。

众所周知，“一带一路”倡议，不仅是一条经济和贸易的丝绸之路，也是人类文化与文明之路，是一条佛行弘法之路，是人类命运共同体的体现。佛教产生于古代印度，在中国漫长的历史进程中，从不同的路线传入中国，佛教文化跟中华民族传统观念和生活习惯、人生礼俗等方面结下了不解之缘，形成了具有中国特色的佛学文化教育。

佛教在各地区传播的过程中由于地域差异、经典内容、使用语言、生活习俗等各不相同，在历史演变中形成了巴利语系的南传佛教、汉语系的汉传佛教、藏语系的藏传佛教等三大语系。

南传佛教主要以释迦牟尼佛在古印度波罗奈斯第一次四谛因果法轮的佛学文化教育体系为主，大约在公元前 5 世纪至公元 1 世纪初期的 600 年期间，在古印度有部派和经部派继承和传播，从印度波罗奈斯向南传入斯里兰卡、缅甸、柬埔寨、泰国、老挝等东南亚国家，以至云南西双版纳等地。

汉传佛教主要以释迦牟尼佛在古印度灵鹫山第二次般若中观智慧法轮和吠舍厘城第三次唯识三自性分别法轮的佛学文化教育体系为主，大约在公元 1 世纪至公元 7 世纪中期的 600 年期间，在古印度中观派和唯识派继承与传播。从古印度灵鹫山向北传入巴基斯坦、阿富汗、中亚，越过帕米尔高原、西域、敦煌、河西走廊，最后传入唐朝国都长安，再由中国传入韩国、日本、越南等国。

藏传佛教主要以释迦牟尼佛在古印度灵鹫山第二次般若智慧法轮和密宗金刚乘的显密佛学文化教育体系为主，大约从公元 7 世纪至公元 12 世纪晚期的 600 年期间，主要在古印度那烂陀等寺继承和传播，后从古印度灵鹫山，经那烂陀、孟加拉、尼泊尔传至我国西藏、青海、内蒙古等地和邻国蒙古国、俄罗斯。佛教从印度、孟加拉、尼泊尔传入我国西藏的主要人物有静命论师、莲花生大师、莲花戒论师、阿底峡尊者、喀切班钦、班智达慕迪、噶雅达热、帕当巴大师等一百多位班智达。从印度、尼泊尔学习取经的主要人物有大译师仁钦桑波、玛尔巴译师、噶哇贝泽、觉茹黎坚赞、尚耶西德、毗卢遮那、俄译师、萨迦班智达等无数个班智达（大学者）和高僧大德，他们把释迦牟尼佛的三法

佛教三大语系高僧集聚在文都驿城为世界吉祥万佛塔开光

轮佛学文化教育精华，即三藏三学四续等佛教十明学和五部大论传入雪域高原。五部大论包括因明逻辑学、般若智慧学、中观哲学思想、俱舍宇宙世界观、戒律道德守法学等佛教文化教育。从雪域高原传播到历代朝廷和中原地区的主要人物元朝有萨迦班智达、帝师八思巴等 14 个帝师，明朝有三大法王等十几位主要国师，清朝则有达赖、班禅及八大呼图克图。

十七

宗喀大慈宏觉寺的重要历史地位

青藏高原是祖国宝贵的三江源头，三江源地区具有“中华水塔”之美誉。因为受到特别的保护，大自然赐予的涓涓清流，才能源源不断地向着东方的大地流去。同样，藏传佛教在青藏高原这片大地上发展和得以完善，形成了独特而完整的“十明学”“三学”“三藏”“四续”等，还有佛教五部大论中的因明逻辑学、般若慈悲智慧学、中观哲学思想、俱舍宇宙世界观、戒律道德守法学等。因此，就像青藏高原的三江源头和自然生态一样，藏传佛教也应得以很好的保护。藏传佛教中的三藏闻思体系、三学修行之道、四续密宗究竟修持等佛学理论精华的清净修持法脉，渐渐地传入东部地区，并且不断地传播到全国各地，乃至全世界。随着“一带一路”这个宏伟建设目标的稳步推进，随

雄伟辽阔的青藏高原

着“人类命运共同体”这个伟大思想被世界上越来越多的各界人士和文化体系所认同，我们的佛学文化教育体系，尤其是因明逻辑学，在今天这个伟大的新时代，也获得了来之不易的新的发展机遇，必将焕发出新的生机，也应该更好地服务于社会和众生，提升人们的精神文化水准，修正和完善人们的自我心灵境界。同时，为了国家和民族的繁荣富强、国泰民安，为世界和平和全人类的文明进步，也为实现中华民族伟大复兴的中国梦，做出自己更大的贡献。

公元 7 世纪初，唐皇室文成公主嫁给吐蕃赞普松赞干布，同时将唐朝珍贵之宝释迦牟尼佛十二岁等身像也作为文成公主的嫁妆带到吐蕃，成为吐蕃的珍贵之宝。文成公主沿着唐蕃古道入藏时，一同入藏的释迦牟尼佛十二岁等身像，从入藏第一关口青唐

西藏大昭寺

驿宗喀大慈宏觉寺原址出发，经过日月山、青海湖、玉树长江七渡口，最后供奉在拉萨大昭寺。因为文成公主与赞普松赞干布的联姻，也因为释迦牟尼佛十二岁等身像带来的慈光照耀，藏传佛教迎来了前弘期耀眼的曙光时期。

公元 10 世纪末，喇钦·贡巴饶赛在青海宗喀地区出生，三贤哲在丹斗寺和宗喀大慈宏觉寺授戒培养传播戒律学等佛法教义，以喇钦·贡巴饶赛为首的包括三贤哲和两位大和尚、拉龙贝吉多杰等宗喀大慈宏觉寺七大祖师，在宗喀大慈宏觉寺向鲁梅·慈诚喜饶等卫藏青年十人授戒传法，之后派回西藏大力传

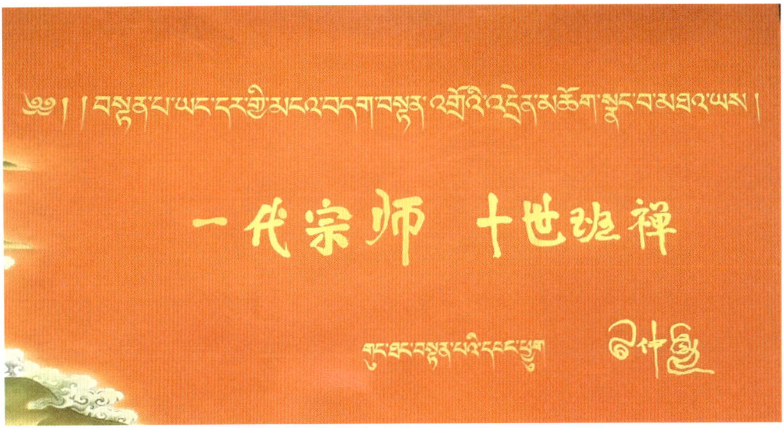

习仲勋与贡唐仓大师为十世班禅题词

播佛法。从此，藏传佛教进入了后弘期。

宗喀巴大师在今青海塔尔寺地区出生，在夏琼寺和宗喀大慈宏觉寺接受顿珠仁钦法王的启蒙教育，之后前往西藏，在各大小寺院以仁达哇大师等藏传佛教各传承的 40 多名大师座前系统地学习了阿底峡尊者的全面佛学文化教育和各大传承的显密教法，不仅开创了格鲁派教法，也开启了藏传佛学文化教育全面发展的鼎盛时期。

十世班禅在青海文都昆氏家族出生，拉科仁波切在文都人寺、塔尔寺、宗喀大慈宏觉寺授戒培养传播显密教法，后来习仲勋代表党中央和毛主席迎请和护送十世班禅大师入藏。十世班禅大师不仅成了藏传佛教杰出的领袖，而且还成了党和国家领导人。20 世纪 80 年代，十世班禅从青海塔尔寺和文都大寺开始积极弘扬藏传佛教。因此，习仲勋称他为“一代宗师十世班禅”。

2015 年 8 月，习近平总书记在中央第六次西藏工作座谈会上指出，“藏传佛教界有爱国爱教的传统，涌现出了十世班禅大师、喜饶嘉措大师这样的代表性人物”。[①]

2016 年 8 月，习近平总书记在青海考察工作时，也高度赞扬了十世班禅大师的历史功勋，并对藏传佛教寄予厚望，他说：“藏族是青海最大的少数民族，要重视做好藏族工作和藏传佛教工作，青海的藏族为整个藏民族做出了杰出贡献，宗喀巴大师、十世班禅大师都是青海人，是青海的骄傲。”[②]

① 公保扎西：《喜饶加措大师：爱国爱教的坚定倡导者和践行者》，《中国宗教》2021 年第 8 期，第 16 页。

② 公保扎西主编：《纪念十世班禅大师圆寂 30 周年论文集》，中国藏学出版社，2020 年 8 月，第 2 页。

十八

宗喀大慈宏觉寺的恢复与重建

在漫长的历史长河中，宗喀大慈宏觉寺一直是中央政府与藏传佛教界之间建立联系的纽带，也是班禅与中央政府之间建立联系的重要基地和传法弘道的千年道场。2004 年 5 月，宗喀大慈宏觉寺的恢复重建工作，得到了青海省人民政府、省委统战部、省民族宗教事务委员会、省佛教协会、西宁市人民政府、城中区政府等部门的高度重视。青海省人大常委会原副主任夏茸尕布也多次强调说："十世班禅大师在 1987 年青海视察期间，非常重视宗喀大慈宏觉寺的恢复重建工作。"面对伟大的先贤和前辈高僧大德的光辉业绩和谆谆嘱托，作为后来者，笔者既感到无上的荣幸，同时也深知这份重任的分量。笔者从心中感恩青海省民族宗教事务委员会和省佛教协会，把西宁宗喀大慈宏觉寺的房屋建

重建中的宗喀大慈宏觉寺现场

筑产权、恢复重建工作等历史使命交给了笔者。当时，青海省民族宗教事务委员会和省佛教协会领导对笔者说："你是十世班禅大师侄子、十世班禅大师祖寺——青海文都大寺第二十六代昆氏座主。宗喀大慈宏觉寺是十世班禅大师从小驻锡学习佛学文化道场，也是十世班禅大师与中央政府建立关系的主要基地。所以，宗喀大慈宏觉寺的恢复重建和房屋产权交给你，你要不负众望，让宗喀大慈宏觉寺再创辉煌。"

笔者当时就青海省民宗委和佛协把宏觉寺恢复重建的情况，向驻锡在青海省政府家属院年逾九十高龄的十世班禅大师母亲——笔者的奶奶尧西·索朗卓玛汇报时，她再三嘱托："现在班禅大师和大师父亲先后圆寂，我已九十多岁高龄。大师生前亲自任命你为我们文都千户家族的主要继承人——文都大寺第

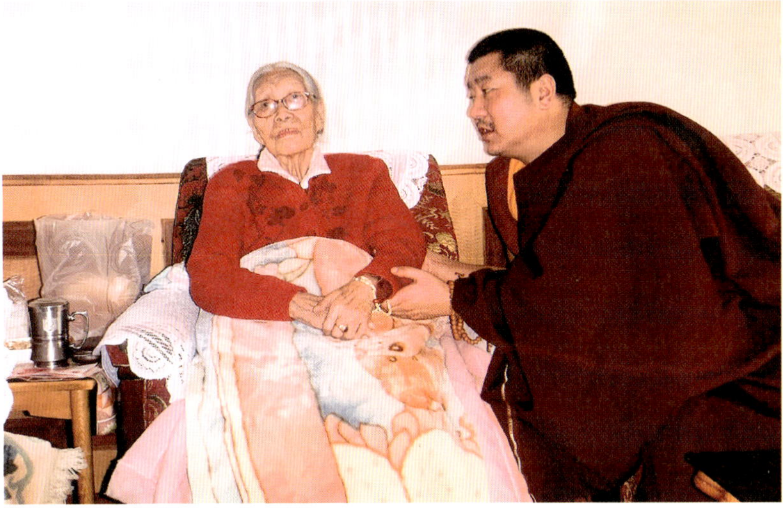

2004 年 6 月 6 日，噶尔哇·阿旺桑波在青海省政府家属院向十世班禅大师母亲汇报宏觉寺恢复重建的相关事宜

二十六代昆氏座主，所以，宏觉寺的恢复重建重任落在你的肩上了。这次省民宗委和佛协也是信任你，将其恢复重建的任务交给你，你要尽最大努力恢复修建好宏觉寺。班禅大师在塔尔寺被认定为九世班禅转世灵童后，驻锡在西宁宏觉寺历代班禅行宫，班禅堪布会议厅全体人员和我们全家一直住在宏觉寺班禅办事处。当时，宏觉寺成为班禅大师和堪布会议厅及时向党中央、毛主席请示与联络西藏和平解放等相关事宜的主要基地。1951 年 12 月 15 日，习仲勋同志代表党中央、毛主席、周总理，专程到宏觉寺送班禅大师入藏。19 日那天，习仲勋同志在宏觉寺主持班禅大师送行仪式后，在西北军护送之下班禅大师和堪布会议厅全体人员，以及我们全家也是从宏觉寺启程。因此，宏觉寺的恢复重建工作非常重要，各级党委政府和我们都会支持你的。”语重心长

噶尔哇·阿旺桑波活佛与雍和宫久迈拉色发心修建宏觉寺

地交代之后，奶奶送笔者十世班禅大师的一张珍贵照片和一匹绸缎、一条哈达。

2004 年 6 月 4 日，笔者与北京雍和宫久迈拉色师父商议，决定对宗喀大慈宏觉寺进行恢复重建的有关事宜。当时，这里有 20 户居民已占据了宗喀大慈宏觉寺班禅行宫大殿和行宫、堪布会议厅、两侧堪布会议厅官员宿舍、天井庭院等。笔者首先给这 20 户居民人家支付了搬迁费，请他们早日搬迁出寺院。然后开始着手清理房屋和院内所有垃圾，陆续恢复了宗喀大慈宏觉寺原有的班禅行宫大殿和行宫、堪布会议厅等场所。这是工作的第一步，先还给这座千年古刹一个清净、庄严和比较安静的道场环境。

2004 年 9 月 22 日，经省市区有关部门批准，由笔者主持举行了宗喀大慈宏觉寺开放仪式。省市区主管部门领导，北京雍和宫久迈拉色师父，北京白塔寺文管会杨曙光主任，青海循化文都大寺奇美活佛和高僧共 30 余人，还有来自各地的嘉宾和僧俗信教群众上千人，一起参加了这次开放仪式。

笔者用了几个月的时间，几经周折，在西宁市房产局牵线与协调之下，在西宁市区购置了 24 套房屋，搬迁并安置了已占据在宗喀大慈宏觉寺大殿原址的、属于西宁市房产局管辖的 24 户居民。笔者与久迈拉色师父商议之后，及时组织成立了宗喀大慈宏觉寺重建领导小组。笔者担任组长，久迈拉色和更尕闹吾为副组长，楞智、更登、青交、洛桑、却丹为成员，更登任办公室主任。

当时，笔者还邀请了在藏式建筑领域具有丰富经验的专家旦增和才让多杰负责建筑设计任务。笔者与两位藏式建筑设计专家一起，用了一个多月的时间，反复考察和精心规划，最终绘制出了大殿设计图和平面效果图，以及各殿内佛像布局图。笔者也一直在监督着多方参与的工程招标，大殿主体土建工程由中标方总经理亲自现场负责，由 30 余名工程人员用 3 年时间完成了土建工程。大殿木工建筑师由尖扎县昆萨唐龙智担任，30 余名木工用了 5 年时间，才完成了木工建筑任务。所有木料采购工作，由笔者的管家楞知、更尕闹吾、更登、青交、才让多杰负责。2005 年 3 月 13 日，正式举行了大殿土木建筑开工奠基仪式。仪式举行当天，由笔者亲自主持，文都大寺奇美活佛和 20 余名高僧，也参加了大殿土木建筑开工奠基仪式。

2009 年 12 月，宗喀大慈宏觉寺大殿主体工程全部竣工。2010 年 4 月 14 日，青海玉树发生特大地震后，笔者和久迈拉色师父商议决定，虽然宗喀大慈宏觉寺尚处在修建中，但是不管我们暂时有多大的困难，弘扬佛教“救苦救难”的慈悲精神和“一方有难、八方支援”的优良作风，却是我们义不容辞的。于是，宗喀大慈宏觉寺全体僧人在第一时间向玉树灾区送去了价值100多万元的食品、帐篷、被褥等救灾物品，足足装载了17辆大车，并且及时地发放到了灾民手中。

2010年5月，笔者把大殿内所有佛像和雕塑、镀金等工作任务，交给了工艺大师周锡方，由他亲自负责。之后，40余名

宗喀大慈宏觉寺全体僧人在第一时间向玉树灾区运送了救灾物资

工艺师用了3年时间，完成了整个大小殿堂内的汉传佛教三宝佛、藏传佛教五大祖师、七大金刚、七大护法、五大财神等佛像的雕塑、彩绘、镀金等工作。特别是工艺大师周锡方先生全家，无私捐赠了200余万元，用于建造十世班禅大师纪念馆内的五大祖师和展厅供桌等。笔者把大殿内所有彩绘任务交给了西藏萨迦县彩绘大师达瓦东智和尖扎县昆萨唐先巴才丹负责，30余名画师用了3年时间，圆满地完成了绘制工作。笔者主持了大殿诸佛像装藏经书和法物的整理与加持，以及装藏等工作，由文都大寺

宗喀大慈宏觉寺大殿恢复重建现场

奇美活佛、护国护法殿群培等，西关寺嘉样，以及宗喀大慈宏觉寺楞智、更登、更尕诺吾、洛桑、却丹、热赛、慈成、达杰、观觉尖措、普华等戒律严明的 30 余名僧人用一年时间完成。后又恢复了班禅行宫和行宫大殿、堪布会议厅（习仲勋与班禅大师纪念馆）、两侧僧舍等建筑。至此，宗喀大慈宏觉寺这座千年古刹，又以焕然一新的姿容呈现在了四方信众面前。看着这座旧貌换新颜的千年古寺，我们的心里充满了欢喜和感恩，感恩这个伟大的时代，也感恩发心捐资和奉献了各自美好愿力的任建军、王国仙等施主和所有辛勤付出心血汗水的工程施工者。

十九

宗喀大慈宏觉寺开光与管理

斗转星移，春花秋月。在经过了十年的艰苦和努力之后，2014 年农历六月三日，气势雄伟、规模宏大、高达 9 层的宗喀大慈宏觉寺大殿和班禅行宫等主体建筑全面竣工。宗喀大慈宏觉寺大殿的庄严肃穆气象，再现了这座西北古刹厚重的历史感和顽强的生命力。是年农历六月三日至十三日，笔者主持筹备和布置了宗教开光仪式的前期准备工作。六月十三日至十九日，用了 7 天的时间，笔者在宗喀大慈宏觉寺主持举行了庄严、隆重的宗教开光仪式。文都大寺、班禅因明学院等寺院的因明学大师乃旦嘉措、奇美洛桑云丹嘉措活佛、阿旺乔智堪布、阿旺奥赛堪布、格西塔叶、格西佑宁、格西久美罗哲等高僧大德和宗喀大慈宏觉寺僧人楞智、更尕诺吾、更登、洛桑、却丹、热

宗喀大慈宏觉寺重建竣工开光大法会，由噶尔哇·阿旺桑波活佛主持，30多位高僧大德参加

赛、观觉尖措、达杰、普华、慈成、慈成尖措、嘉样、华丹，以及来自文都大寺等僧人和班禅因明学院的37名持戒严明的僧人，参加了宗喀大慈宏觉寺的宗教开光仪式。

2014年农历六月二十日，对宗喀大慈宏觉寺的恢复重建工作始终给予关心与支持的青海省政协原主席白玛、省政协副主席

白玛主席、仁青安杰会长、开哇主任等有关部门领导参加宗喀大慈宏觉寺大殿重建落成暨开放仪式

兼佛教协会会长仁青安杰及省委统战部、省民族宗教事务委员会、省佛教协会、省道教协会、西宁市委统战部、市民宗委、城中区委统战部、区宗教局等有关部门领导，以及来自各地的活佛、高僧大德，北京雍和宫久迈拉色师父，任建军、王国仙、周锡方、公保龙智等来自北京、河北等全国各地的施主和嘉宾、僧俗信教群众共上万人，共同参加和见证了宗喀大慈宏觉寺落成暨大殿开放仪式。

宗喀大慈宏觉寺高达 9 层的大殿，由 5 个殿堂组成，前面的祖师殿内供有格鲁派、宁玛派、噶当派、萨迦派、噶举派等藏传佛教五大传承祖师，殿内还供奉着宗喀大慈宏觉寺创建者喇钦·贡巴饶赛、三贤哲、两位大和尚、拉龙贝吉多杰等宗喀大慈宏觉寺藏汉七大祖师、师君三尊、十八罗汉、古印度二胜六庄严

宗喀大慈宏觉寺大殿供奉的三宝佛、八大菩萨

大师；高达 4 层的中间大雄宝殿供有三宝佛、八大菩萨、五方佛。后面护法殿的二层供有密宗七大本尊佛，一层供有密宗七大护法神；财神殿内供有五大财神。大殿中央供奉依照释迦牟尼佛十二岁等身像塑造的佛像。大殿四层有青海省因明学会大型论坛会议室，五层有宗喀大慈宏觉寺五大祖师供奉的十世班禅大师爱国纪念馆，七层供有普巴金刚和大红三尊神，九层供有至高无上的密

宗金刚持。同时在大殿的每一个楼层内侧均设有适合僧众诵经、辩经、座谈的大小会议室，三层前面两侧有十一世班禅和经师寝宫，其后面两侧有住持和主要人物寝宫。

在班禅行宫院前，矗立着当年习仲勋与十世班禅大师拜别时的塑像。塑像后面是班禅行宫和行宫大殿、行宫护法殿、习仲勋与十世班禅大师友谊纪念馆、青海省民族团结进步教育基地；院内两侧建有僧舍。新建大殿外观设计雄伟壮丽，庄严无比；大小殿堂内供奉的佛像皆庄严肃穆，刻画精美，栩栩如生。

历尽沧桑的西宁宗喀大慈宏觉寺，在漫长的历史长河中经历了兴盛、发展和衰落三个时期。从 2014 年开始，寺院传统管理机构逐渐得到完善，由笔者担任宗喀大慈宏觉寺住持，老喇嘛却丹为金刚上师，楞知为僧官，慈成为领经师，慈成嘉措为法会管理员。经省市区宗教部门的批准，宗喀大慈宏觉寺还成立了寺院民主管理委员会，由笔者担任住持和民管会主任，久迈拉色任民管会副主任。楞智、更尕闹吾、洛桑为民管会成员，更登为管家，观觉尖措任办公室主任。

中国佛教协会副会长、海南省佛教协会会长、深圳市佛教协会会长、海南南山寺和深圳弘法寺方丈、南海佛学院院长印顺人和尚受邀担任西宁宏觉寺名誉住持。2016 年 8 月 10 日印顺大和尚率僧团、信众一行，应邀前往十世班禅大师故居朵思麻文都城出席了世界吉祥万佛塔开光大典，并代表汉传佛教语系为圣塔开光诵经祈福。印顺大和尚在开光典礼开幕式上发表了真诚而热情的致辞。

十世班禅大师的故乡又迎来了一个吉祥喜悦的神圣日子，汉

印顺大和尚率汉传佛教僧团为世界吉祥万佛塔开光诵经祈福

传、南传、藏传等佛教三大传承语系的高僧大德，与来自中国内地和世界各地的佛教信徒、嘉宾，齐聚在十世班禅大师的故居朵思麻文都城，共同庆贺为纪念帝师八思巴和十世班禅大师而举行的世界吉祥万佛塔重建竣工庆典和隆重的开光祈福大典。这一盛举，也是一千三百年以来，汉传、南传、藏传三大语系的高僧大德们首次在中国西北藏族地区共同出席佛塔开光祈福大典，显示了中国佛教三大传承语系之间相互尊重、平等交流、同心同德的和谐局面。

就在印顺大和尚此次法驾青海的时候，笔者把印顺大和尚迎请到西宁宗喀大慈宏觉寺，详细介绍了宗喀大慈宏觉寺在过去的历史上，曾经有过藏传佛教三贤哲和汉传佛教两位大和尚共同向喇钦·贡巴饶赛授戒之后，喇钦·贡巴饶赛创建了宗喀大慈宏觉寺，后成为藏汉佛教文化交融交流中心的情况，并多次请求他法

来自全国各地的嘉宾与僧俗群众参加世界吉祥万佛塔开光仪式

驾边地，担任宗喀大慈宏觉寺名誉住持。印顺大和尚欣然接受了笔者的请求，正式担任了名誉住持。这也是宗喀大慈宏觉寺有史以来首次恭请汉传佛教的高僧担任名誉住持。笔者希望此举是以实际行动向全世界昭示：在幅员辽阔的中华大地上，无论是藏传、汉传、南传佛教语系，我们都是亲如一家，我们永远同心同德，

宗喀大慈宏觉寺僧众诵经祈福仪式

为了祖国的繁荣昌盛，为了民族的团结和谐，为了众生的幸福安康，也为了人类的永久和平！

宗喀大慈宏觉寺藏传佛教节日法会表（以农历为准）

月	日	节日与法会名称	天数
一	八日至十五日	佛陀神变节纪念大法会	8
二	二十一日至二十七日	护国护法闭关大法会	7
三	十三日至十五日	佛陀密宗传法节大威德金刚大法会	3
四	八日至十五日	佛陀诞生、成道、涅槃三节暨等身像迎接祈愿大法会	8
五	五日至七日	药师佛与端午节药师法会	3
六	四日至六日	佛陀初转法轮节十八罗汉祈福法会	3
七	十三日至十五日	驻夏节因明辩论法会	3
八	十三日至十五日	不动佛灌顶法会	3
九	二十一日至二十三日	佛陀天降节弘法法会	3
十	二十五日至二十七日	纪念宗喀巴大师燃灯节法会	3
十一	二十七日至二十九日	忿怒金刚除障法会	3
十二	七日至九日	护国护法除障大法会	3
	二十一日	纪念十世班禅大师燃灯法会	1
	二十五日至二十七日	五大护法除障大法会	3
宗喀大慈宏觉寺每年在藏传佛教五大宗派五大祖师纪念日开纪念法会			
每年的阳历6月23日，举行习仲勋在西宁宏觉寺护送十世班禅大师赴扎什伦布寺坐床庆典纪念法会			

宗喀大慈宏觉寺汉传佛教节日法会表

佛教节日	农历
弥勒菩萨圣诞	正月初一
释迦牟尼出家日	二月初八
观音菩萨圣诞	二月十九
文殊菩萨圣诞	四月初四
释迦牟尼佛圣诞	四月初八
卫塞节	四月十五
药王菩萨圣诞	四月二十八
观音菩萨成道日	六月十九
大势至菩萨圣诞	七月十三
盂兰盆节	七月十五
地藏菩萨圣诞	七月二十九
摩利支天圣诞	九月初九
观音菩萨出家日	九月十九
药师佛圣诞	九月二十九
文殊菩萨出家日	十月二十
阿弥陀佛圣诞	冬月十七

二十

铸牢中华民族共同体意识的宗喀大慈宏觉寺

在漫长的历史中，以宗喀大慈宏觉寺为纽带的藏传佛教与汉传佛教的文化交流与融合由来已久，而且成为优良的传统。

宗喀大慈宏觉寺创建者喇钦·贡巴饶赛，就是由藏传佛教高僧三贤哲和汉传佛教两位大和尚（出家比丘戒必须由至少 5 位授戒高僧在场来授戒）等汉藏高僧共同授戒培养出来的一位最早的佛教弟子。945 年，在宗喀大慈宏觉寺藏传佛教高僧藏绕赛、尧格迥、玛释迦三贤哲和汉传佛教果望、静闻两位大和尚，以及喇钦·贡巴饶赛等向鲁梅·慈诚喜饶等卫藏青年十人授戒传法，是第二次培养出家弟子。宗喀大慈宏觉寺因此也成了藏汉佛学文化

噶尔哇·阿旺桑波活佛向来自清华大学等高等学府的学生讲授因明逻辑学

交流、融合的最早寺院。

再从宗喀大慈宏觉寺的一些建筑风格元素来看，也显示出了藏传佛教文化与汉传佛教文化的相互借鉴与相互融合。宗喀大慈宏觉寺大殿一层、二层、三层、四层外墙为藏式建筑门窗和边玛红墙，殿内藏式工艺建筑风格的大小梁柱、椽子、莲花雕刻等，殿内壁画均由藏式壁画艺术组成。宗喀大慈宏觉寺大殿五层、六层、七层、八层、九层均为汉式工艺建筑，大小梁柱、椽子、木板、门窗等均为汉式建筑风格，殿内彩绘为汉式壁画艺术。宗喀大慈宏觉寺大殿顶层佛法标志为藏式法轮、金顶、法幢等。清乾隆时期恢复重建的宗喀大慈宏觉寺班禅行宫、行宫大殿、行宫护法殿均为汉式建筑风格。

由宗喀大慈宏觉寺、班禅因明学院等共同举办的全国第五届因明学后备人才培训班学员等合影

宗喀大慈宏觉寺大殿内主供佛为汉传佛教三宝佛（中间佛祖释迦牟尼佛、东方药师佛、西方阿弥陀佛）和八大菩萨。宗喀大慈宏觉寺祖师殿供奉藏传佛教五大祖师和宗喀大慈宏觉寺汉藏七大祖师像。

1426 年（明宣德元年），宗喀大慈宏觉寺住持勺思吉监参应邀前往古都长安城，担任西安荐福寺住持 23 年。同时用 17 年的时间主持重修了小雁塔和荐福寺各殿堂。

1449 年（明英宗正统十四年），小雁塔和荐福寺各殿堂重修竣工后，勺思吉监参向朝廷乞赐寺名。明英宗亲笔敕赐“荐福寺”匾额，并立下了正统皇帝赐圣旨碑。

在宗喀大慈宏觉寺成立青海省因明学会纪念照

1779 年，宗喀大慈宏觉寺住持六世班禅额尔德尼·华丹益西应乾隆皇帝之邀进京朝觐，在承德福寿寺和北京西黄寺向乾隆皇帝和大臣们灌顶并传授了藏传佛教的一些教法。

1925 年，正在宗喀大慈宏觉寺驻锡讲经传法的九世班禅大师，应国民政府的迎请，到达南京，受到国民政府的隆重迎接。先后在兰州、西安、太原、五台山、内蒙古、沈阳、北京、南京、杭州等地，向内地广大僧俗信教群众传授了藏传佛教显密佛学文化。

1951 年，正在宗喀大慈宏觉寺驻锡学经弘法的十世班禅，应毛泽东主席和周恩来总理的邀请，前往北京参加和平解放西藏的《十七条协议》签订仪式，并先后在西安广仁寺、北京白塔寺、雍

印顺大和尚（左二）担任宗喀大慈宏觉寺名誉住持

和宫、西黄寺、福佑寺等寺院传播了藏传佛教显密佛教文化。是年 12 月 15 日，习仲勋代表党中央、毛泽东主席、周恩来总理到青海西宁宗喀大慈宏觉寺为即将首次进藏的十世班禅送行。

2012 年 9 月至 2016 年 7 月，笔者和宗喀大慈宏觉寺办公室主任观觉法师，在深圳弘法寺本焕佛学院学习毕业。

2014 年 8 月 3 日，第十届全国汉藏因明学术交流研讨会在宗喀大慈宏觉寺举行。近些年来，笔者也先后到本焕学院、杭州佛学院、广州中山大学、海南医学院等院校参加学术讲座与交流活动。

2015 年 10 月 11 日至 17 日，由中国逻辑学会因明学专业委员会、宗喀大慈宏觉寺、班禅因明学院共同举办了由汉传和尚和藏传喇嘛、高等学府的汉藏师生参加的第四届全国汉藏因明学后备人才培训班。

宗喀大慈宏觉寺与班禅因明学院等共同举办的全国因明学后备人才培训班

2016 年 11 月 5 日，在宗喀大慈宏觉寺举办了青海省因明学会成立大会暨汉藏因明学术交流研讨会。

2016 年 10 月 20 日，作为中国历史上最早的藏汉佛学文化教育交流、融合的寺院，宗喀大慈宏觉寺邀请中国佛教协会副会长、海南省佛教协会会长、深圳市佛教协会会长、海南南山寺和深圳弘法寺方丈、本焕佛学院院长、南海佛学院院长印顺大和尚担任宗喀大慈宏觉寺名誉住持。

2017 年 8 月 6 日至 12 日，由中国逻辑学会因明学专业委员会、宗喀大慈宏觉寺、青海省因明学会、班禅因明学院共同举办了由汉传和尚和藏传喇嘛、高等学府的汉藏师生参加的第五届全国因明学后备人才培训班。

2018 年 1 月 25 日至 2 月 5 日，西宁宗喀大慈宏觉寺观觉尖措法师前往成都藏汉经典文化交流基地，参加了藏汉佛法经典互译工作。

2019 年 8 月 18 至 25 日，由中国逻辑学会因明专业委员会、宗喀大慈宏觉寺、青海省因明学会、班禅因明学院共同举办了全国第七届因明后备人才培训班。来自中国社会科学院、中国藏学研究中心、清华大学等 15 个省市高等院校和科研单位近 60 名汉族、藏族、蒙古族等学员参加。

2023 年 8 月 3 日至 8 日，由中国逻辑学会因明专业委员会主办、青海省因明学会及宗喀大慈宏觉寺承办的全国第八届因明后备人才培训班，在青海省循化县文都驿城班禅因明学院成功举行。此次培训班汇聚了来自 13 个省、区的代表，同时还有清华大学、南京大学、浙江工商大学、四川大学、东北大学、贵州大学、西南民族大学、西藏大学、青海民族大学等 23 所高校和科研单位的 50 余名研究生、博士生、教授以及汉藏学僧等专业人士参与。

凡此种种，皆可表明：宗喀大慈宏觉寺不仅是一座有着千年历史的藏传佛教名寺，也是一座凝聚着藏汉佛教文化和兄弟民族之间的宗教文化交流、传颂着藏汉和其他兄弟民族世代友好故事的历史建筑。

今天，党中央和国务院非常重视民族宗教工作和优秀传统文化，这显然为中华优秀传统文化的复兴创造了极为有利的条件。特别是党的十八大以来，习近平总书记对继承和弘扬、挖掘中华优秀传统文化作出了一系列重要指示，为中国的佛教文化走向世界、引领并影响世界文化指明了方向。2016 年 11 月 5 日，青海省因明学会在宗喀大慈宏觉寺成立。为继承和弘扬我国优秀传统文化，把因明学的正智和正能量贯穿到社会实践中发挥应有的作用。

宗喀大慈宏觉寺不仅是西宁市区独一无二的朝佛圣地，也是藏汉民族团结、文化交流的重要场所。广泛弘扬藏传佛教爱国爱教优良传统，传承和发扬十世班禅大师维护祖国统一、民族团结的“四热爱”的精神，为实现中华民族伟大复兴的中国梦，为建设富强民主文明和谐的新青海而竭尽全力，将是宗喀大慈宏觉寺全体僧人和信众继续努力的方向和目标。

二十一

世界视野中的宗喀大慈宏觉寺

宗喀大慈宏觉寺这座千年古刹的历史和传奇故事，也是伟大和美好的“中国故事”的一部分。我们不仅要向全国各兄弟民族、向所有的信众宣传宗喀大慈宏觉寺的历史，讲好这座古老的寺院从诞生到兴盛，风风雨雨，历尽沧桑，最终又在盛世中获得重生的变迁故事，而且也应该面向全世界，讲好这个凝聚着千年沧桑巨变的历史文化故事和多民族兄弟姐妹大团结的故事。

实际上，随着我们国家综合国力的提升，随着包括佛教文化在内的中华传统文化的复兴及其在国际舞台上所展现出来的魅力和影响力越来越大，宗喀大慈宏觉寺的故事已经进入了广阔的世界视野，来自世界各地的佛教信众和向往藏传佛教文化、藏族文化的国际友人与背包客，每年都会络绎不绝地来到西宁，来到

宗喀大慈宏觉寺申报上海大世界基尼斯纪录

十世班禅大师的故乡循化，瞻仰文都大寺和世界吉祥万佛塔，表达他们内心的向往与敬仰之情。一个世界视域中的宗喀大慈宏觉寺，正在全面地展现在世人面前。

宗喀大慈宏觉寺——唐蕃古道上的千年古刹的历史悠久、文化厚重、文物保护价值高，特别是与文成公主、凉州会盟有颇深的历史渊源，是汉藏文化交流互动的桥梁纽带，也是民族团结的重要历史见证。2019 年 4 月 17 日，青海省委书记王建军，省长刘宁，青海省委常委、西宁市委书记王晓到宏觉寺，实地察看寺院管理、文物保护、红色爱国教育等，并参观了十世班禅大师爱国纪念馆。之后，青海省委省政府、西宁市委市政府各级主要领导陆续到宏觉寺视察调研，并在各级领导与相关单位、部门的大力支持和关心协助下，顺利拆迁了宏觉寺院内的向阳印刷厂，并及时修缮和保护了宏觉寺宗喀金佛堂、青唐驿佛殿等历史文化遗产。2021 年 6 月 3 日，青海省委常委、统战部部长、省政协党组副书记公保扎西一行前往西宁市宏觉寺调研了解宏觉寺悠久历史文化和红色爱国教育资源、各民族交往交流交融教育、红色爱国主义教育和民族团结进步教育情况。2023 年 6 月 8 日，青海省委常委、西宁市委书记王卫东到宏觉寺调研了解寺院管理、民族团结、传承践行爱国爱教优良传统等工作情况。2023 年 10 月 11 日，最高人民检察院党组书记、检察长应勇在宏觉寺调研，指出深入研究、挖掘和保护宏觉寺历史文化遗产的重要性。2024 年 1 月 18 日，青海省人大常委会党组书记、副主任王黎明、副主任杨逢春，以及青海省人民检察院党组书记、检察长查庆九带领驻青全国人大代表一行到宏觉寺调研铸牢中华民族共同体意识、历史文化研究、民族团结、文物保护等工作。2024 年 2 月 24 日，青海省人民检察院党组书记、检察长查庆九，青海省政协副主席王绚、田奎、马跃祥带领驻青全国政协委员一行到宏觉寺调研了解各民族交往交流交融、历史文化遗产保护、宗教和谐和顺等方面工作。2024 年青海省两会的政协工作报告和政协提案工作报告、高级人民检察院工作报告，以及全国两会的最高人民检察院工作报告中也专门提到了宏觉寺的历史地位、文化底蕴、文物保护、历史文化研究的重要性和现实意义。

近些年来，西宁宏觉寺不仅得到各级党委政府的大力支持与关怀，还受到国内各类学术机构与专家学者的关注。中国藏学研究中心总干事郑堆、副总干事李德成，及中国藏学出版社社长洪涛等先后到宏觉寺考察调研因明学术研究、京藏古道、各民族交往交流交融、铸牢中华民族共同体意识等情况。教育部“长江学者”、清华大学中文系主任沈卫荣教授三次率博士学术团队到宏觉寺进行藏传佛教中国化、铸牢中华民族共同体意识等方面的学术讲座、交流和座谈。兰州大学国家四部委铸牢中华民族共同体意识研究基地主任、教授徐黎丽，及该基地资深教授阿旺嘉措等专家学者两次率学术团队到宏觉寺为铸牢中华民族共同体意识开展实地调研与多次交流，并确定宏觉寺为兰州大学铸牢中华民族共同体意识研习基地。著名藏学家、中国藏学研究中心历史研究所原所长、研究员陈庆英生前几乎每年都要到宏觉寺进行座谈交流，深入挖掘与研究宏觉寺悠久的历史和多彩的文化内涵等，还把自己的汉藏书籍捐献给宏觉寺，并创建了宏觉寺陈庆英教授图书馆。西南民族大学南亚文化研究中心主任、西南民族大学国家民委铸牢中华民族共同体研究基地首席专家、博士生导师万果教授几次率"'一带一路'与藏传佛教发展研究"课题组到宏觉寺，考察调研京藏古道与唐蕃古道沿线各民族交往交流交融、"一带一路"与藏传佛教等情况。中央民族大学哲学与宗教学学院教授、博士生导师班班多杰到宏觉寺考察调研藏传佛教中国化、唐蕃古道与藏传佛教相关情况，并作中观哲学的学术讲座。

为了更好地保护和讲述这座珍贵的佛教建筑的故事，让世界上更多的人了解宗喀大慈宏觉寺，了解凝聚在这座寺院中的历代高僧大德的不朽功绩和佛学精神，2017 年，我们向上海大世界基尼斯总部递交了一份《关于宗喀大慈宏觉寺申请世界基尼斯纪录的报告》，报告书主要内容如下：

上海大世界基尼斯总部：

中国最早的藏汉佛教文化交流、融合的寺院——宗喀大慈宏觉寺有着悠久和非凡的历史。

一、公元941年，藏传佛教后弘期鼻祖喇钦·贡巴饶赛大师创建了宗喀大慈宏觉寺。

二、公元945年，鲁梅·慈诚喜饶等卫藏青年十人在宗喀大慈宏觉寺藏传佛教高僧藏绕赛、尧格迥、玛释迦三贤哲和汉传佛教高僧果望、静闻两位大和尚，以及喇钦·贡巴饶赛等座前，圆满接受了比丘戒。宗喀大慈宏觉寺从此成为藏汉佛学文化教育交流、融合的寺院。

三、藏汉文化交流融合的主要具体表现：……

上海大世界基尼斯总部

大世界基尼斯之最

沿用至今年代最久的藏汉佛教文化交融寺院
—“千年古刹宗喀大慈宏觉寺”

创建时间：公元941年

该寺位于青海省西宁市宏觉寺街。藏传佛教后弘期鼻祖喇钦·贡巴饶赛于公元941年创建，距今1077年并沿用至今，现由十世班禅侄子噶尔哇·阿旺桑波主持重建管理。大殿内有藏传五大祖师、后弘期藏汉祖师、汉传三宝佛、八宝菩萨，护国护法神、财神、班禅行宫、十世班禅爱国纪念馆。寺内曾多次举办藏汉高僧出家授戒仪式、藏汉佛教文化教育、藏汉佛教学术研讨会等藏汉佛教文化交流活动，并在“一带一路”建设中有着一定的地位和影响。

NO：05025
2018.02

王以卓　　蔡丰

宗喀大慈宏觉寺荣获大世界基尼斯之最证书

幸运的是，2018年2月2日，上海大世界基尼斯总部对上述申报予以了正式的回复：

沿用至今年代最久的藏汉佛教文化交融寺院

——“千年古刹宗喀大慈宏觉寺”

创建时间：公元941年

该寺位于青海省西宁市宏觉寺街。藏传佛教后弘期鼻祖喇钦·贡巴饶赛于公元941年创建，距今1077年并沿用至今，现由十世班禅侄子噶尔哇·阿旺桑波主持重建管理。大殿内有藏传五大祖师、后弘期藏汉祖师、汉传三宝佛、八大菩萨、护国护法神、财神、班禅行宫、十世班禅爱国纪念馆。寺内曾多次举办藏汉高僧出家授戒仪式、藏汉佛教文化教育、藏汉佛教学术研讨会等藏汉佛教文化交流活动，并在“一带一路”建设中有着一定的地位和影响。

这意味着宗喀大慈宏觉寺如同最大的藏式传统佛塔建筑——“世界吉祥万佛塔”（占地面积4137.55平方米）一样，正式入选“大世界基尼斯之最”纪录。这也是青海境内入选“大世界基尼斯之最”的第二座著名藏式佛教建筑。

一座屹立在西北雪域的佛教古寺，正在面向全世界敞开慈悲和智慧的大门……

二十二

探寻习仲勋开辟京藏路线为十世班禅送行赴藏之路考察纪实

1951 年春，中央人民政府和西藏地方政府商定在北京举行和平解放西藏的谈判。中央特邀十世班禅大师进京，共商国是。当年 4 月中旬，十世班禅赴京途中在西安见到习仲勋时说：“我们是专程去北京向毛主席致敬的，我们把藏族人民对中央人民政府和毛主席的良好祝愿亲自转达给毛主席”。十世班禅表示：“要坚决拥护中央人民政府的正确领导，决心与西藏各界爱国人士一道，为西藏的解放和藏族人民的团结而努力奋斗。”4 月 25 日，十世班禅一行 45 人到达北京，当晚，周恩来总理设宴为十世班禅接风洗尘。宴会前，周总理同十世班禅进行了长时间的交谈。十世班禅被周总理渊博的知识、诚恳的态度、谦虚的作风、端庄的举止、慈祥的笑容深深吸引，留下了终生难忘的印象，这对他以后的成长产生了深刻影响。

1951年五一劳动节，毛主席在天安门城楼上接见了十世班禅，使他十分激动。5月23日，举行了关于和平解放西藏办法的协议的签字仪式。次日下午，毛主席在中南海怀仁堂接见西藏地方政府和谈代表和十世班禅一行。十世班禅向毛主席献了哈达，赠送了锦旗、金盾、长寿铜像、银曼札、藏香及其他珍贵礼品。当晚毛主席举行盛大宴会，班禅大师发表祝词："多少年来没有解决的中国内部的民族问题——西藏问题，在毛主席领导下胜利地解决了。和平解放西藏是中国各民族大家庭的一大喜事。中央人民政府、达赖和班禅三方面的团结，只有在中国共产党和人民政府领导下才能实现。"6月2日，十世班禅赴天津、上海、杭州等地参观。

《中央人民政府和西藏地方政府关于和平解放西藏办法的协议》在北京签订，这是西藏民族历史发展划时代的转折点。正如十世班禅大师所说："从此西藏民族开始了自己历史的新纪元。"《十七条协议》第五条规定：班禅额尔德尼的固有地位及职权，应予维持。根据班禅在西藏的历史地位和西藏广大僧俗群众的意愿，为促进西藏内部团结和落实《十七条协议》，十世班禅返回西藏势在必行。

十世班禅及班禅堪布会议厅官员在《十七条协议》签订后，便返回青海西宁，着手做返藏的各项准备。在党中央和中共西北局书记习仲勋的安排部署下，十世班禅一行从北京至西安，经过甘肃于6月25日返抵青海西宁。护送十世班禅回藏的物资准备工作也很快完成了。范明被任命为西北军政委员会驻班禅行辕的代表，牙含章为助理代表，共同负责护送十世班禅及堪布会议厅全体人员，安全返回扎什伦布寺。根据中央的指示精神，西北西藏工委决定分两批走。

1951 年 8 月初，由范明、慕生忠率领的十八军独立支队和堪布会议厅的负责官员计晋美、阿旺金巴率领的班禅行辕入藏工作委员会，以及部分骑兵、班禅警卫先离开西宁。12 月 1 日，这支先头部队到达拉萨与十八军主力部队会师。12 月 4 日，计晋美等前往布达拉宫拜谒达赖喇嘛，递交班禅额尔德尼的信件。随后，计晋美又在中央驻西藏代表张经武的指导下，与西藏地方政府交涉，达成将扎什伦布寺归还班禅的协议。同年，中央统战部和民委与各方面协商后，认为条件已经成熟，决定在 12 月内护送十世班禅成行。

1951 年 12 月 19 日，十世班禅额尔德尼连同护送陪同人员共 1200 余人的队伍，浩浩荡荡离开西宁。行前，班禅致电毛主席："此次返藏以后，一定在您、中国共产党和中央人民政府领导之下与达赖佛紧密团结，共商一切，为彻底实现和平解放西藏办法的协议，驱逐帝国主义在西藏的影响，巩固国防和建设新西藏而奋斗。"

毛主席除复电勉励外，特命时任西北局书记、西北军政委员会副主席的习仲勋为代表，到西宁宏觉寺为十世班禅送行。十世班禅非常高兴，特意为习仲勋组织了盛大的欢迎会，并发表热情洋溢的讲话。班禅说："如果没有中国共产党和毛主席的正确领导，与中国各兄弟民族的热诚帮助，西藏和平解放是根本不可能的，我们返回西藏亦是不可能的。因此，我们说中国共产党和毛主席是西藏人民的大救星，是我们的大恩人。我们只有跟着共产党和毛主席走，只有同祖国各兄弟民族紧密地团结起来，我们西藏民族才能得到彻底的解放，别的道路是没有的。”

根据中央指示，护送十世班禅及堪布会议厅全体官员等第二批进藏人员，要经过香日德、那曲后抵达拉萨。路上经过的时间，刚好是“正二三，雪封山”的时间。此时，沿途草已枯黄，牲畜无法吃饱，如若赶上唐古拉山“雪封山”，积雪有五六尺深，人走人滑，马走马滑，在险路上，被摔下悬崖的概率极高。

为了做好可能遇上“雪封山”的最坏准备，牙含章和堪布会议厅的官员雇了3000多峰骆驼，7000多头牦牛，驮运足够的人粮、马料和燃料。另外，堪布会议厅官员和眷属以及护送的干部和战士各准备两匹马，轮换骑乘。还有骡子200余头，“架窝子”100副，供伤、病员使用。

1952年2月，护送十世班禅的队伍到达唐古拉山，经派人侦察，山上积雪有一尺多深，堪布会议厅官员认为可以通过。于是向全体进藏人员做了动员，让大家精神上作好准备，争取用6天时间越过唐古拉山。班禅大师面对如此艰险，毫不动摇，坦然以对。护送部队的人看到少年班禅有这样的坚强意志和大无畏精神，备受鼓舞。最终，按预定计划通过了唐古拉山。

十世班禅返藏之路，从1951年12月19日离开西宁算起，在路上走了将近4个月，行程近2000公里，可谓山长水远。

班禅大师决定，行辕和护送部队向拉萨前进。一路上，十世班禅的车在灿烂的阳光下显得格外庄严。路边有很多信众长跪，敬拜班禅大师，全部行程极为顺利。

1952年4月27日，班禅大师、堪布会议厅、牙含章等率领的护送部队平安抵达拉萨时，等候欢迎的市郊民众达6万多人，

十世班禅大师在扎什伦布寺举行坐床仪式

许多僧俗百姓在此等了一个多月，见到离开西藏近30年的九世班禅喇嘛的转世，许多信众痛哭流涕，场面十分感人。

十世班禅额尔德尼受到中央驻藏代表、人民解放军官兵、西藏地方政府官员及三大寺僧众和拉萨市民的热烈欢迎。拉萨市民纷纷在自家门口煨桑，房顶上换了新的经幡，门口用白灰画吉祥图案，用种种仪式欢迎班禅大师的回归。第二天下午，班禅额尔德尼前往布达拉宫拜会达赖喇嘛，双方互换哈达，并行了碰头礼。西藏两大宗教领袖举行了历史性会见。

6月23日，十世班禅回到日喀则。这一天，日喀则全城欢腾，一派节日气氛，悬挂起五星红旗，以及写有“拥护达赖喇嘛与班禅额尔德尼团结起来建设新西藏”的巨大横幅，各地遍插诸色经幡。从年楚河畔到扎什伦布寺，排列着6万多欢迎和拜谒班禅大师的僧俗群众，扎什伦布寺举行了隆重的升座仪式，这是九世班禅阔别29载后十世班禅的平安重归。至此，十世班禅返藏问题得到圆满解决。

中共西北局书记习仲勋同志在西安唐蕃古道基础上所开辟的十世班禅返藏路线，是和平解放之路、民族团结之路、发展进步之路。因此，在习仲勋新开辟的十世班禅进藏路线的基础上，西藏工委慕生忠将军带领修路队伍修建了青藏公路，慕将军被称为“青藏公路之父”。在青藏公路的基础上，开通了青藏铁路，在此基础上又开通了京藏铁路、京藏公路，这些公路、铁路的开通，为新西藏的建设和发展，为新中国的民族团结进步事业，做出了不可磨灭的贡献。

十世班禅大师在北京拜见毛主席，并随着《十七条协议》的签订，经由中共西北局书记习仲勋的安排部署，十世班禅大师一行从北京出发，经西安、兰州、西宁、香日德、通天河、唐古拉山、那曲、拉萨，最后到达历代班禅祖庭扎什伦布寺。为进一步认真学习和研究、弘扬两位伟人的丰功伟绩，我们积极开展了探寻习仲勋同志开辟京藏路线为十世班禅大师赴藏送行之路实地考察纪实活动，具体如下：

1951年4月27日，中央特别邀请十世班禅大师从西宁宏觉寺前往北京，参加关于西藏和平解放的谈判。十世班禅大师率团

十世班禅在北京的驻锡地——畅观楼

与中央政府商谈西藏和平解放之事时，曾住在畅观楼与鬯春堂，毛泽东主席曾亲自到此看望十世班禅大师。

畅观楼，位于北京动物园（原农事试验场）内西北部，于光绪十四年（1908）初建成，是清后期皇室长河行宫、北京保存最完整的欧式建筑文物之一，也是北京市唯一保存完整的皇家夏日行宫，其兴建的目的是作为清帝后乘船去颐和园时中间休息的行

笔者（左）在畅观楼大门前留影

宫。光绪三十四年四月、九月，慈禧及光绪曾两次来场，均在此小憩。1984 年被北京市文物局列为北京市一级保护文物。畅观楼为典型的文艺复兴时代巴洛克风格建筑，融合了东西方建筑精粹，是中国近代史上由中国人自己设计的最早的欧式建筑。

笔者和专家在畅观楼会客厅

1951 年 4 月 22 日，习仲勋与十世班禅第一次会面。那时，十世班禅率领班禅堪布会议厅官员赴京途经西安，习仲勋作为西北局和西北军政委员会主要负责人，到机场迎接。当班禅走下飞机时，一个眉清目秀、和善聪慧、举止文雅、彬彬有礼的英俊藏族少年活佛，出现在习仲勋眼前。在飞机舷梯下，十世班禅紧紧握住习仲勋的手，心情激动地说："我们是专程去北京向毛主席致敬的！我要把藏族人民对中央人民政府和毛主席的良好祝愿亲口转达给毛主席。"在当晚的欢迎会上，十世班禅表示坚决拥护中央人民政府，决心与西藏各界爱国人士一道为西藏的解放和藏族人民的团结努力奋斗。"有志不在年高"，十世班禅的爱国热情和坦诚豪爽的性格给习仲勋留下了深刻的印象。当天，习仲勋把

西安班禅楼，习仲勋曾两次在此接待十世班禅

他接到西北局大院自己家中，十世班禅与习仲勋的大儿子习富平同龄，两人很快就熟稔起来。

1951 年 4 月 22 日，十世班禅大师从京返藏时，驻锡弘法的

1951 年 4 月 22 日，习仲勋在西安迎接从北京返回西宁宏觉寺的十世班禅

西安广仁寺，是康熙皇帝在 1705 年来长安城巡视时，拨专款敕建，也是长安城唯一的藏传佛教寺院。

广仁寺是历代达赖、班禅等藏传佛教高僧大德进京朝觐路过长安的行宫。乾隆皇帝迎请六世班禅进京时，一路上在各地寺院内修建了 8 座行宫，即都兰香日德寺、西宁宏觉寺、兰州兴远寺、西安广仁寺、北京西黄寺、北京福佑寺、承德福寿寺、沈阳皇寺等。后来，九世班禅、十世班禅都在各地寺院行宫驻锡弘法，并联系和处理政教事务。广仁寺供奉有世界上仅有的佛祖十二岁等身像宝座、陕西省境内最大的千手观音像，拥有中国唯一的精品千佛殿，同时也是文成公主在长安的奉地。1983 年，广仁寺被国务院列为全国重点寺院，是国家 AAA 级景区。

清乾隆皇帝修建的西安广仁寺历代班禅行宫

1951 年 4 月中旬，十世班禅大师进京和返藏时的驻锡弘法道场——兴远寺，位于兰州市七里河区孙家台 71 号。初建于明万历年间，属藏传佛教寺院。清嘉庆五年（1800）重建，两层楼式建筑，该寺一次大规模的维修是在清嘉庆十年，此已为院内碑文所证。清乾隆时期在该寺修建了班禅行宫，是班禅大师进京或返藏时的驻锡和弘法道场，具有重要的历史价值。

兴远寺是兰州市目前修建时代较早、保存较为完好的藏传佛教寺院之一，在藏传佛教的传播和藏汉文化的交流方面，发挥过重要作用。距今已有 400 多年历史。

兰州兴远寺

西宁宏觉寺始建于藏传佛教后弘初期，喇钦·贡巴饶赛在丹斗寺授戒学法后建宏觉寺。北宋时，唃厮啰建立地方政权，筑青唐城（今青海西宁市），宏觉寺成为当时重要寺院，素有“先有宏觉寺，后有青唐城”之说。元代时，藏传佛教著名高僧萨迦班智达和八思巴都先后到访过该地。后该寺倾圮，明洪武二十三年（1390）重建，颇受朝廷重视，该寺住持扎巴索南被封为国师，多次进京朝贡。公元1445—1449年，宏觉寺住持勺思吉坚参赴西安主持重建荐福寺即今小雁塔。清乾隆四十四年（1779），六世班禅额尔尼华丹益西应乾隆帝之邀东行，驻锡宏觉寺并为广大

历代班禅大师在兰州驻锡弘法道场——兴远寺班禅行宫大门

于西宁宏觉寺历代班禅行宫前，举行“寻找习仲勋同志为十世班禅大师从西宁宏觉寺送行的赴藏之路”启动仪式

藏传佛教僧俗举行了盛大法会。1951 年 12 月，中央西北局书记、西北军政委员会副主席习仲勋专程前来为十世班禅额尔德尼·确吉坚赞赴藏送行，并在宏觉寺与十世班禅商讨具体赴藏事宜。现在，宏觉寺成了促进藏汉民族团结和谐的宗教文化活动场所，也是弘扬爱国爱教、良好道德风尚的爱国主义教育传承基地。

寻找习仲勋同志为十世班禅大师从

于西宁宏觉寺班禅行宫前的习仲勋与十世班禅塑像前开启寻找十世班禅赴藏之路

寻找十世班禅大师赴藏之路——湟源（第一站）

寻找十世班禅大师赴藏之路——日月山（第二站）

寻找十世班禅大师赴藏之路——倒淌河（第三站）

寻找十世班禅大师赴藏之路——青海湖（第四站）

寻找十世班禅大师赴藏之路——祭海之地（第四站）

寻找十世班禅大师赴藏之路——黑马河（第五站）

寻找十世班禅大师赴藏之路——茶卡（第六站）

寻找十世班禅大师赴藏之路——都兰（第七站）

寻找十世班禅大师赴藏之路——香日德寺班禅行辕（第八站）

寻找十世班禅大师赴藏之路——敖包祭神之地

寻找十世班禅大师赴藏之路——伊克高里（第九站）

寻找十世班禅大师赴藏之路——扎什伦布寺属寺遗址（第十站）

寻找十世班禅大师赴藏之路——十世班禅大师帐篷搭建遗址（第十一站）

寻找十世班禅大师赴藏之路——前往河源三滩之山下（第十二站）

寻找十世班禅大师赴藏之路——佐木龙沟，1952 年班禅大师等在此过春节（第十三站）

寻找十世班禅大师赴藏之路——曲麻莱黄河源头（第十四站）

寻找十世班禅大师赴藏之路——多龙塞马外（第十五站）

寻找十世班禅大师赴藏之路——西藏工委勒石纪念

寻找十世班禅大师赴藏之路——加青松多大师宝座（第十六站）

寻找十世班禅大师赴藏之路——十世班禅大师骑马台

寻找十世班禅大师赴藏之路——色吾河大桥

寻找十世班禅大师赴藏之路——驻锡遗址叶格寺（第十七站）

寻找十世班禅大师赴藏之路——哈尔松垭口（第十八站）

寻找十世班禅大师赴藏之路——长江七渡口碑（第十九站）

寻找十世班禅大师赴藏之路——长江七渡口

寻找十世班禅大师赴藏之路——沱沱河大桥（第二十站）

寻找十世班禅大师赴藏之路——通天河大桥（第二十一站）

寻找十世班禅大师赴藏之路——唐古拉山口（第二十二站）

寻找十世班禅大师赴藏之路——入藏大门

寻找十世班禅大师赴藏之路——聂荣县境内（第二十三站）

寻找十世班禅大师赴藏之路——黑河（第二十四站）

寻找十世班禅大师赴藏之路——扎西滩（第二十五站）

寻找十世班禅大师赴藏之路——乌玛塘（第二十六站）

寻找十世班禅大师赴藏之路——林周（第二十七站）

寻找十世班禅大师赴藏之路——拉萨大昭寺（第二十八站）

寻找十世班禅大师赴藏之路——布达拉宫

寻找十世班禅大师赴藏之路——前往曲水的江边（第三十站）

寻找十世班禅大师赴藏之路——羊卓湖边的雪山下（第三十一站）

寻找十世班禅大师赴藏之路——江孜白居塔（第三十二站）

寻找十世班禅大师赴藏之路终点——历代班禅大师驻锡和弘法道场扎什伦布寺（第三十三站）

寻找十世班禅大师赴藏之路——扎什伦布寺大堪布迎接

寻找十世班禅大师赴藏之路——终点扎什伦布寺十世班禅大师灵塔

1949 年 8 月 10 日，十世班禅大师在塔尔寺举行了坐床大典。10 月 1 日，十世班禅在青海香日德致电毛主席、朱总司令和彭德怀副总司令，热烈祝贺新中国的诞生。

1951 年 4 月 25 日，中央特邀十世班禅进京，参与关于和平解放西藏的谈判，并参加关于和平解放西藏办法的协议的签字仪式。毛主席在中南海怀仁堂亲切接见十世班禅和西藏地方政府代表。

1951 年 12 月 15 日，十世班禅返藏时，中共西北局书记、西北军政委员会副主席习仲勋代表党中央、毛主席、周总理专程到西宁宏觉寺为十世班禅送行，并在宏觉寺班禅行宫与十世班禅亲切交谈，对西藏工作做了重要指示。

1952 年 6 月 23 日，十世班禅一行到达历代班禅驻锡地扎什伦布寺，举行了盛大的坐床仪式。从此在经师恩久仁波切、大格西阿旺尼玛座前学习显密佛学理论。

1954 年 9 月，在第一届全国人民代表大会第一次会议上，十世班禅当选为全国人大常委会常务委员。在全国政协二届一次会议上，十世班禅当选为全国政协副主席。那一年，十世班禅年仅 16 岁，毛主席称赞他是“最年轻的国家领导人”。

1955 年 3 月 9 日，在周总理亲自主持下，召开国务院第七次全体会议，通过了《国务院关于成立西藏自治区筹备委员会的决定》，任命十世班禅为西藏自治区筹备委员会第一副主任委员。

1956 年 11 月 25 日，十世班禅在印度新德里参加了佛祖释迦牟尼涅槃 2500 周年纪念大会，并在印度波罗奈斯佛学院被授予佛学班智达学位。

1958 年，在扎什伦布寺盛大的五部大论辨经法会上，取得了佛学的最高学位噶钦。

1959 年 3 月 28 日，周总理任命十世班禅为自治区筹委会代理主任委员，开始主持自治区筹委会工作。在全国人大二届一次会议上，十世班禅当选为全国人大常委会副委员长。

党的十一届三中全会之后，中央为十世班禅落实政策，安排工作。

1980 年，十世班禅又当选为全国人大常委会副委员长。重新工作后的 10 年中，十世班禅不辞辛苦，风尘仆仆 7 次去西藏，三次去青海，两次去四川地区考察工作，此外还曾到云南、甘肃和其他地方视察。大师十分关心藏传佛教文化的继承和发展，非常重视涉藏地区的经济发展和教育卫生事业，万里高原到处留下了大师的足迹。

1987 年 7 月 1 日，在十世班禅大师的大力倡导和主持下，在北京创办了中国藏语系高级佛学院，他亲自担任院长，培养政治上热爱祖国，宗教上有较高造诣的佛学高僧大德。十世班禅大师曾率代表团出访澳大利亚、尼泊尔等国，增进了各国人民和宗教界人士之间的友谊。

1989 年 1 月 8 日早晨，十世班禅在天安门广场人民英雄纪念碑前，向敬爱的周总理敬献了花圈和哈达。又专程去向习仲勋同志道别，并敬献了哈达。

1989 年 1 月 9 日，十世班禅离京赴西藏扎什伦布寺，参加主持五世至九世班禅合葬灵塔东陵扎什南捷的落成开光典礼。1 月 28 日，因操劳过度，十世班禅大师在西藏日喀则历代班禅行宫德庆格桑颇章圆寂，享年 51 岁。

在十世班禅大师短暂而辉煌的一生中，有一位老一辈无产阶级革命家与其肝胆相照，风雨同舟，荣辱与共，他就是习仲勋。习仲勋与十世班禅大师之间的相识、相知、相交、相惜，堪称我国统一战线工作的典范，在两位多年的合作共事中，始终以诚相待，情谊深厚，亲如一家，历久弥新，意义重大，影响深远。

附录一

深切怀念中国共产党的忠诚朋友班禅大师*

习仲勋

班禅额尔德尼·确吉坚赞大师因心脏病突发，溘然长逝，中国共产党失去了一位忠诚朋友，我失去了一位合作共事四十个春秋的知心朋友。

四十年来，我和大师建立了深厚的友情。就在这次他去西藏主持班禅东陵扎什南捷开光典礼前，还在百忙中来向我告别并献了哈达。出门要告别，回来要谈心，这是他长期同我交往的一个老习惯了。我了解他的性格，热情高，爱激动，工作起来控制不住自己。我对他说，这个季节西藏缺氧严重，你要注意自己的身

* 习仲勋：《习仲勋文集》，中共党史出版社，2013 年 10 月，第 1227—1236 页。原载《人民日报》1989. 02. 20 第 6 版。

体，不要性急，要劳逸结合。他说，这件事办完遂了我最大的心愿，就是死了也瞑目。我说，佛不要你走，马克思也不要你走。谁知大师一走，竟成永诀。我捧着他临行前赠我的洁白的哈达，遥望西天，悲恸万分。

班禅大师生前一再说，他从幼年起就热爱共产党，对党怀有深厚的感情。他说，没有中国共产党的领导，就没有今天的西藏。从我同他长期的交往中，深深感到，他的这种感情是非常诚挚的，他一生的实践也充分说明了这一点。

班禅大师作为藏民族的优秀代表和藏传佛教的杰出领袖，始终把藏民族的命运和前途同祖国的命运和前途联系在一起，同中国共产党的领导联系在一起。从中国人民解放战争取得胜利的前夜到新中国成立以来的各个历史时期，班禅大师都竭诚地拥护中国共产党在许多重大问题上的正确主张。

一九四九年九月西宁解放后，班禅大师即派人同中国共产党联系。当时彭德怀副总司令和我负责西北局的工作，同班禅大师有了联系。一九四九年十月一日，中华人民共和国成立，班禅大师致电毛泽东主席和朱德总司令，欢呼新中国的诞生，满腔热情地表示对中国共产党的“拥护爱戴之忱”，拥护中国共产党废除民族压迫制度，实行民族平等的政策，坚信在中国共产党的领导下，“西藏解放，指日可待”。毛泽东主席和朱德总司令复电勉慰班禅大师，希望大师和西藏爱国人士一致努力，为西藏的解放和汉藏民族的团结而奋斗。一九五〇年六月，班禅大师派他的代表计晋美等专程来西安见彭总，提出有关解放西藏办法的建议。当时我陪彭总会见了计晋美一行，热情支持班禅大师的爱国义举，感谢他对我们党的信赖。我们还致函班禅大师，希望“西藏人民早日回到中华人民共和国友爱合作的大家庭，享受平等、安乐、幸福的新生活”。党中央和毛主席十分重视班禅大师关于解放西藏办法的建议，认为很好，是合乎爱国与团结精神的。

我第一次与班禅大师见面是一九五一年四月中旬的一天。那时他率领班禅堪布会议厅官员赴京途经西安，我代表西北局和西北军政委员会到机场迎接。当他走下飞机时，一个活脱脱的英俊藏族少年活佛形象出现在我的眼前。在飞机舷梯下，他紧紧握住我的手，心情激动地对我说：我们是专程去北京向毛主席致敬的！我要把藏族人民对中央人民政府和毛主席的良好祝愿亲口转达给毛主席。在欢迎会上，他表示坚决拥护中央人民政府，决心与西藏各界爱国人士一道为西藏的解放和藏族人民的团结努力奋斗。“有志不在年高”，他的爱国热情和坦诚豪爽的性格给我留下了深刻的印象。

一九五一年春，亲帝国主义分子大扎摄政下台，达赖喇嘛亲政。一月二十七日，达赖喇嘛致信中央，报告他亲政情况，并表达谋求和平的愿望。中央复电祝贺他亲政，欢迎他速派代表来京和谈。四月二十二日，达赖喇嘛派出的以阿沛·阿旺晋美为首席全权代表的和谈代表到达北京。四月二十七日，班禅大师率领的致敬团到达北京。班禅大师真诚拥护中央和平解放西藏的方针，并表示要团结藏族各方力量，推动这一方针的实现。经过中央人民政府全权代表李维汉等同西藏地方政府代表的多次谈判，在达赖喇嘛、班禅大师的响应和努力下，具有重大历史意义的《关于和平解放西藏办法的协议》于一九五一年五月二十三日在北京签字。协议签字的第二天下午，班禅大师率领班禅堪厅主要负责官员，向毛主席和中央人民政府致敬，献给毛主席一面用藏汉两种文字写的“中国各民族人民的大救星”的锦旗。当晚，毛主席为庆祝协议签订设宴，并讲了话。五月二十八日，班禅大师及堪厅人员以“难以言喻的兴奋”心情发表声明，说协议的签订“宣告了帝国主义对于西藏侵略的失败，西藏民族与中国各民族团结起来，西藏民族内部团结起来，从此西藏民族开始了自己历史的新纪元”。声明对达赖喇嘛响应中央号召，派代表来京和谈并签订协议的举动表示“深为敬重”。在此期间，班禅大师还致电达赖喇嘛，“愿竭绵薄”和达赖喇嘛“精诚团结”，协助他和西藏地方政府彻底实行和平解放西藏的协议。与此同时，班禅大师致电西藏扎什伦布寺政教官员和僧俗民众，希望他们在中央人民政府和毛主席的领导下团结一致，“彻底实现这个协议，积极地援助人民解放军入藏部队，驱逐帝国主义在西藏的侵略势力”。

一九五一年十二月十五日，班禅大师自青海西宁返藏前夕，我受中央委托，代表毛主席、中央人民政府和西北军政委员会，专程赴西宁为他送行。班禅大师及其堪厅派了喇嘛仪仗队欢迎我。在各族各界一千多人的欢迎大会上，班禅大师发表了热情洋溢的讲话。他激动地说：“如果没有中国共产党和毛主席的正确领导，与中国各兄弟民族的热诚帮助，西藏和平解放是根本不可能的，我们返回西藏亦是不可能的。因此，我们说中国共产党和毛主席是西藏人民的大救星，是我们的大恩人。我们只有跟着共产党和毛主席走，只有同祖国各兄弟民族紧密地团结起来，我们西藏民族才能得到彻底的解放，别的道路是没有的。”班禅大师的这段话情真意切。他的前世即第九世班禅曲吉尼玛，由于同十三世达赖喇嘛失和，被迫离开西藏，长期流落内地达二十六年，直到圆寂时也没能回到西藏。如今，返藏回寺的愿望终于由十世班禅额尔德尼·确吉坚赞实现了。他高兴、激动是很自然的。

这次见面，我们进行了亲切的交谈。我说：你回西藏后不要急，要照顾全局，首先要做好藏族内部的团结，这样西藏各方面的工作才有希望。我还根据中央的精神，向我们派去陪同班禅大师进藏的负责同志交代了两条：一是西藏一切工作都要贯彻慎重稳进的方针，条件不成熟的事不要办，上层爱国人士和领袖人物不同意的事不要办。二是西藏工作要以反帝爱国统一战线为主。回想起来，中央的这些精神直到现在仍然是有意义的。

一九五二年四月间，当班禅大师返藏到达藏北重镇那曲时，由西藏地方政府两个代理司伦鲁康娃和洛桑扎西等人在拉萨策动了反对和平解放西藏协议的伪人民会议事件。班禅大师甚为愤慨，致电达赖喇嘛，要求达赖喇嘛“以大智大勇之精神，大慈大悲之佛光”严肃处理这一破坏祖国统一，破坏藏族内部团结，尤其是破坏达赖喇嘛政教威信的严重事件。终于，达赖喇嘛出布告解散了伪人民会议，并撤销了鲁康娃和洛桑扎西的代理司伦职务。四月二十八日，班禅抵达拉萨。到拉萨后，他同达赖喇嘛达成谅解，互换了哈达。

一九五四年九月，班禅大师与达赖喇嘛联袂赴京参加第一届全国人民代表大会第一次会议。那时，我已在中央工作。自那以后到一九六二年，我受中央委托，一直负责同班禅大师联系，我们之间的关系越来越密切，友情越来越深厚。

班禅大师作为我们党的忠诚朋友，突出地表现在能主动地向党提出中肯的意见、建议乃至尖锐的批评。他刚直、豪爽，知无不言，言无不尽。这一点我颇为了解，而且认为甚为难得。我总感到，能交上这样的诤友可谓幸事。由于有这样的了解，所以我对他也是以心换心，坦诚相见的。我常对他说：为了党和人民的事业，为了国家的统一和团结，我们两个人什么话都可以说，我有错误你批评，你有错误我批评，实事求是。我知道他遇事爱性急，甚至动气，但并不是一个固执己见的人。他一生追求真理，弃恶扬善，对正确的意见总是听的，听得真切，做得也认真。我常对他说：直言不讳是对的，但不能急，好事一下做不完，更不要动气。他说：你是我的老朋友、好朋友，你了解我，你是为我好才这样说、这样做，我很高兴。

班禅大师一生关心西藏社会的发展和进步，积极拥护西藏的民主改革。一九五六年西藏自治区筹委会成立时，即提出在班禅堪布会议厅管辖的地区率先进行民主改革试点，以取得经验，然后推广到全区。中央根据西藏的实际情况，认为民主改革的条件不成熟，宣布“六年不改”的方针，班禅大师听从了中央的意见，没有进行试点。一九五九年三月十日，西藏上层反动集团为了维护封建农奴制度，反对改革，公然撕毁十七条协议，发动了全面的武装叛乱。鉴于这种情况，国务院下令解散了原西藏地方政府，由西藏自治区筹委会行使地方政府职权，任命班禅大师为筹委会代理主任委员，并确定边平叛边改革的方针。班禅大师致电毛主席、周总理，表示拥护国务院的命令和决定，同时复电西藏工委和军区，说“我已指示堪厅，现在更应继续和分工委、解放军加强团结，密切合作，做好准备，确保日喀则市的安全，共同粉碎和镇压叛乱”。四月八日，班禅大师主持筹委会，号召平息叛乱。一九六〇年四月二十二日，筹委会召开第四次会议，班禅大师在总结报告中高度评价平叛、改革的重大意义，指出：一九五九年是“西藏人民取得决定性胜利的一年”。

西藏的平叛、改革是西藏社会进步和人民翻身的伟大革命。但是在后期出现了“左”的偏差。班禅大师对此是很不满意的，他到北京向中央反映情况。毛主席、周总理和李维汉等同志都分别听取了大师的意见。毛主席称赞大师敢于讲真话的好作风，并对他提出的一些好意见给予了肯定和鼓励。这期间，中央派杨静仁同志去西藏调查。一九六一年一月五日，小平同志在听取了杨静仁同志汇报后，指示西藏民主改革后要防“左”、防急，并且确定西藏稳定发展、五年不办合作社的方针。一月二十四日，周总理在同班禅大师和张经武同志谈话时指出：“西藏的方针政策概括起来就是，土地所有制是农民个体所有制，这个制度要继续好多年，中心是增加生产，这条要坚定不移地执行下去。”此后，班禅大师回西藏主持工作，并到其他藏区视察，一九六二年五月向国务院呈送了一份《七万言书》，系统地提出了他对西藏和其他藏区工作的批评和建议。中央、国务院对此十分重视，认为大师的大部分意见和建议是好的，但也有一些是过头的。我受周总理的委托多次去看望大师并同他交谈。他火气很大，说了些激烈的话。我充分肯定了他敢于向党直言不讳地提意见的可贵精神，同时劝他不要动气，不要说气话。过了一会儿，他消了气说：你讲的我接受，你从小看着我长大，从一开始就帮助我，你是代表党的，作为个人又是朋友。你是为我好，我感激，但有些不该说的气话已经说出去了，我今后注意就是了，但我说明，我是真心为党好的。班禅就是这样一位心底透亮的大师。后来我和李维汉、阿沛副委员长等同大师又坦诚地交换意见，经过共同研究产生了旨在西藏工作中纠“左”防急的四个好文件，并报经国务院批准。遗憾的是，一九六二年八届十中全会后，由于“左”的指导思想的影响，这四个文件没能贯彻执行下去。班禅大师和李维汉等，也包括我在内，都因此被批判。从此我和班禅大师的交往中断了十几年。“文化大革命”中班禅大师与许多党和国家领导人一样受到严重迫害，虽然如此，班禅大师仍没有动摇过对党和祖国的坚定的信念。

党的十一届三中全会后，我和班禅大师又得以重逢。老友相见，感慨万端。大师见到我时很不安地说：因为我的《七万言书》，把你给连累了，真对不起。我说：这不是谁连累谁的问题，我们都受到了锻炼和考验，增长了见识，党对你是了解的。

党的十一届三中全会后，班禅大师坚决拥护党中央拨乱反正，不遗余力地协助党中央落实各项政策。党中央对班禅大师也给予充分的信任。一九八〇年班禅大师去藏区视察前，小平同志约他到家里，亲切地对他说：“你是我们国家最好的爱国者”，“你自己的活动，可以放手，不要顾虑”，“你在这次下去的时候可以说：‘文化革命’中那些事情都错了。你不要怕，就说这是中央领导同志讲的。”班禅大师听后受到很大鼓舞，对党更加信赖。为了把失去的时间抢回来，他常常是夜以继日地工作和学习。

一九八〇年底，我从广东回到中央后又分管民族、宗教、统战工作，我们接触的机会更多，友谊更加牢固。班禅大师作为国家领导人和宗教领袖，他在这个时期的任务更繁重，工作更繁忙。尽管如此，我们见面交往的时间并没有减少，我们坦诚相见的习惯一如既往。每当他视察、出国和进行其他重大活动时，我总是劝告他：一要注意身体、安全；二遇事要冷静，不要动气。

他每次回来总是来找我谈谈心，什么话都谈。对他的每一次成功我都由衷地感到高兴，毫不含糊地给予支持。当然对我觉得他还不足的地方，我也是毫不客气地指出来，他认为我说的不对时也同我争辩，或表示保留自己的意见。一九八五年，班禅大师对河南省把少林寺交给嵩山管理局一事提出了强烈批评，并要“就这件事闹到底，不搞个水落石出决不撤手”。我见了这份材料，立即指出：“抓政策落实，精神可嘉，但不要火气太大”，“少林寺由僧尼管理为宜”，“如拖着不办，再派大员去查明原因何在？或请大师亲临督促”。最后这件事得到妥善解决，班禅大师很高兴。

班禅大师作为藏传佛教的杰出领袖，他热爱自己信仰的宗教；作为藏民族的优秀代表，他热爱自己的民族；作为伟大的爱国主义者，他热爱祖国；作为党的忠诚朋友，他热爱中国共产党。把爱教、爱民族和爱国、爱党完美地统一起来，这正是班禅大师一生的写照。

班禅大师热爱中国共产党，成为党的忠诚朋友，出自对自己民族命运和前途的深入思考，出自对党的方针、政策的深切理解，出自对历史和现实的深刻研究。一九八二年他在西藏拉萨干部大会上作了一次长篇报告，系统地叙述了西藏和祖国关系的历史，雄辩地得出结论说：“西藏成为伟大祖国不可分割的一部分，是长期历史发展的必然结果，是无法否认的历史事实。现实来说，西藏和平解放后的三十年的发展和进步，超过了历史上的几百年或上千年，这又是一个不可否认的事实。历史和现实告诉我们，西藏只有在中国共产党领导下的社会主义祖国大家庭中，才有光辉灿烂的前途，才有民族的兴旺发达；西藏人民只有维护祖国的统一，加强汉藏民族之间以及祖国各民族之间的大团结，在中国共产党的领导下，坚定地走社会主义道路，才有真正幸福美满的未来。”“历史的教训使我们懂得，爱祖国同爱民族是统一的，二者不可分割，更不应对立起来。现在有人企图利用历史上遗留下来的民族隔阂的残余，用爱民族来否定爱祖国，打着民族的旗号来反对祖国。对此应保持高度警惕，并及时揭穿他们所谓爱民族的虚伪性。”他还说：“坚持民族利益同国家利益的一致性，坚持爱祖国爱民族的立场，才是唯一正确的立场，才能成为光明正大的、无私无畏的有益于人民的人。”对于宗教，班禅大师继承黄教始祖宗喀巴大师的传统，坚持改革，兴利除弊，从有益于人民利益出发，研究探索宗教与社会主义相适应的经验，把佛教“庄严国土，利乐有情”的教义同爱国主义结合起来，把“普度众生”同为人民服务的宗旨协调起来，鼓励信教徒团结在党的周围，为建设四化，振兴中华而共同奋斗。

从这几年的接触中，我深深感到我这位亲密的朋友班禅越发成熟了。去年我们曾为大师的“知天命”之年祝贺，祈愿大师为祖国为民族作出更辉煌的业绩。正如小平同志对他说的：“你还是有思考的，有分析、有能力，希望你对祖国多作一些贡献。”然而我们的大师去矣！这个损失确是难以弥补的。

悲大师之示寂，冀乘愿之再来。我们要完成班禅大师未竟的事业，为维护祖国统一和民族团结，为建设团结、富裕、文明的社会主义新西藏，为促进各民族的共同繁荣，作出新的贡献。

我们党的忠诚朋友班禅大师永垂不朽！

附录二

习仲勋在西宁宏觉寺与十世班禅会见追记

程起骏

宗喀大慈宏觉寺地处西宁市城中区宏觉寺街路北，街以寺名。西宁宏觉寺在历史上为历代中央政府与藏传佛教之间的桥梁纽带，是唐蕃古道上历代班禅大师爱国爱教、弘扬佛法、扶持国政的历史文化遗产，也是十世班禅大师爱国主义教育基地。作为青藏高原最早的藏汉佛教文化交流交融寺院，荣获了“沿用至今年代最久远的藏传、汉传佛教文化交融寺院的大世界基尼斯之最”称号。目前，已申报为国家级重点文物保护单位。

宏觉寺一进三院。有山门、护法殿，前院两侧有钟鼓楼，中院有三大菩萨殿。后院为静室、林园。宏觉寺殿宇壮丽，林园幽静，为闹市中心的一方净土。明代该寺颇受朝廷重视，香火旺盛，

宗喀大慈宏觉寺

信徒众多。永乐十二年（1414）、宣德二年（1427）派太监重新修缮，其住持札思巴锁南被永乐皇帝封为国师，多次进京朝觐，得到大量赐赏，故声名远播。万历和乾隆年间重新修缮，自此该寺的国师行宫改称为历代班禅行宫，同时还修建了历代班禅驻青办公处。六世班禅把自己的亲传弟子第二世嘉木样任命为住持，管理宏觉寺有关的政教事务。到民国年间，影响式微，风光不再，成为甘南、川西北及青海西部蒙古族、藏族赴塔尔寺拜佛的食宿地；在九世班禅曲吉尼玛到内地弘法时，班禅堪布会议厅（简称堪厅）驻锡在该寺班禅驻青办事处，最后一任处长为计晋美，副处长为宋之枢。宋之枢精通汉藏语言文字，曾任九世班禅汉文秘书，随其进藏未果，后服务于十世班禅。解放后，任省政协委员，去世前，与笔者在省政协文史委员会共事三年。宋先生熟知两世班禅的很多典故，著有《记九世班禅离藏返藏》等文。本文的一些情况，亦为宋先生提供。

宏觉寺在沉默了百年之后，又迎来了一段时期的辉煌。古刹见证了一件具有象征意义的重大历史事件。即时任西北局副书记兼西北军政委员会副主席的习仲勋，代表党中央和毛主席、周总理亲临宏觉寺会见十世班禅额尔德尼确吉坚赞。在这里，一位功勋卓著的老一辈革命家与一位中国藏民族的杰出领袖进行了三个小时的亲切会见。二人促膝长谈，心心相印，肝胆相照，共商国是。有关西藏和平解放协议的进一步落实，有关十世班禅进藏的具体安排等一系列重大事项，就是在这里确定的。其重大意义彪炳史册，万古长青。

事情还得从头说起，早在 1949 年 8 月 6 日，兰州战役即将发起之日，毛主席在致彭德怀、习仲勋的电报中指出："班禅到兰州，你们攻兰州时请十分注意保护并尊重班禅及在甘青境内的西藏人，以为解放西藏问题做准备。"[①] 同时，党中央决定由习仲勋负责与十世班禅的联络工作。习仲勋遵照党中央和毛主席的指示，为争取团结和保护十世班禅，做了大量的富有成效的工作。西宁解放时，十世班禅滞留在都兰香日德寺，青海省军管会很快

① 范明：《把五星红旗高高地插在喜马拉雅山上：护送十世班禅大师返藏纪实》，南海出版公司，2013 年 12 月，第 3 页。

就与班禅取得了直接联系。习仲勋就班禅返回西宁宏觉寺的各项事宜作出缜密安排，保证了班禅一行如期平安抵达西宁宏觉寺班禅行宫。

1950 年 6 月，十世班禅派堪布会议厅重要成员计晋美作为他的代表，专程到西安拜会习仲勋。计晋美时任扎萨衔三品官，他通晓藏汉语言文字，熟悉内地情况，爱国爱教，办事精明干练，是十世班禅的得力助手。他向习仲勋汇报了班禅对中国共产党和毛主席衷心拥护的热忱，并陈述了班禅对解放西藏的各项建议和意见。习仲勋十分支持班禅大师的爱国义举，并通过与计晋美的谈话，再次传达了党中央和毛主席对班禅的关切和期望，使计晋美深受鼓舞。他将每日情况电告尚在都兰香日德寺的班禅。所发电文摘一则如下：

香日德班禅堪厅：

页电悉奉。此间当局对我佛极为关心。请佛座速起锡返宁，以便商讨藏事。计晋美叩。实养印。在习仲勋同志亲切关怀和周详的安排下，计晋美一行顺利到达北京，并很快拜见了中央领导同志，圆满完成了班禅与中央政府的直接联系。其成果大出计晋美的预期。现举一则电报：宏觉寺街七号班禅行辕堪厅鉴：毛主席赠佛（即班禅）道济牌小卧车一辆，已在北京领到。将由回青代表运到行辕（即宏觉寺）。其余吉普车四辆，在西安领取。特闻。计晋美叩！

毛主席在日理万机之中，对远在柴达木盆地的班禅给予巨大的关怀，特以个人名义赠班禅高档小轿车一辆，给堪厅吉普车

西宁宏觉寺班禅行宫习仲勋与十世班禅友谊纪念馆赴藏送行纪念塑像

四辆。据宋之枢先生讲，当收到这封电报时，留在宏觉寺的堪厅全体人员无不欢欣鼓舞，额手称庆，奔走相告，“想不到，想不到！这是多大的荣耀和恩惠啊！”

堪厅的人员都是虔诚的佛教徒，因此，他们不约而同地想到要在佛前供灯，以示感恩和祝愿。他们拿出了藏之秘阁，只有在盛大庆典才派上用场的十盏大银灯，注满酥油。全体人员按佛教仪轨在佛祖案前点亮了象征吉祥如意的佛灯。宋之枢给我讲此事时，是事已过 30 多年了，但他那清瘦而古板的脸上依然绽放出真诚和感动的笑容。

同年 4 月下旬，班禅从宏觉寺起程，赴京参加和平解放西藏《十七条协议》的签订。路过西安时，习仲勋亲自到机场迎接班

习仲勋与十世班禅在西宁宏觉寺班禅行宫会议室商议入藏和平解放的各项事宜之处

禅一行。这是班禅第一次见习仲勋同志。他走下迎机舱时，习仲勋迎上来和班禅紧紧握手。这是两位神交已久的握手，彼此都留下了深刻的记忆。

时隔多年后，班禅还给他的经师和挚友嘉雅活佛说：“之前，我已和多少人握过手了。但习书记握着我的手时，我心中有一种全新的感悟，好像有一股温暖的力道在心中流过，这就是佛说的缘分福报。”[①]

习仲勋同志回忆他同班禅初次见面时的情形时写道：“一个活脱脱的英俊藏族少年活佛形象出现在我的眼前。……‘有志

① 十世班禅大师母亲尧西·索朗卓玛口述，噶尔哇·阿旺桑波记录、整理。

不在年高’，他的爱国热情和坦诚豪爽的性格给我留下深刻的印象。”[①]这次见面是习仲勋和班禅40载革命友谊的新起点。4月27日，班禅及堪厅僧俗官员一行45人到达北京。周总理、朱德副主席等中央领导前往火车站迎接班禅。五一劳动节，毛主席在天安门城楼上亲切接见班禅和阿沛·阿旺晋美，并进行了长时间的谈话，意义重大。

随着具有里程碑意义的关于和平解放西藏办法的协议顺利签订，根据协议有关条款，班禅及其堪厅要回到久别的西藏日喀则，这是和平解放西藏的重大决策之一。党中央为了保障班禅一行平安顺利进入西藏，由周总理主持召开会议，就班禅进藏的政策方针、安全保卫、干部配备、后勤保障、交通路线、起行时间、路线等作出了缜密周详的部署，同时授命习仲勋做好各项准备工作的落实，并由他代表党中央、毛主席、周总理专程到西宁宏觉寺为班禅送行。

1951年12月15日，对班禅和堪厅的全体人员来说，是个吉祥喜庆的好日子。据宋之枢先生回忆，那天天气很冷，但班禅和堪厅人员早已恭候在宏觉寺山门前，每个人脸上都露着欢快喜悦的笑容。上午9时许，习仲勋乘车到达，陪同的有省委、省军区的主要领导。班禅快步迎上去，与习仲勋紧紧握手。四目亲切地对视了好一会儿，才相互问候安好。这是一种老朋友久别重逢的气氛，热烈真诚。其实他二人只是西安一别，还不到半年的时间。班禅陪习仲勋同志从喇嘛鼓乐队和班禅警卫队所组成的仪仗队通道中缓步走进宏觉寺山门，现场气氛极为热烈喜庆和庄严。

---

① 习仲勋:《习仲勋文集》，中共党史出版社，2013年10月，第1228页。

习仲勋在西宁宏觉寺班禅寝宫内为十世班禅赴藏送行前谆谆教导之处的两个木板椅子

会见在堪厅会议室进行。这是一间只有 30 多平方米的平房，屋里只有一个大铁皮炉子，烧的是大通煤，满屋子暖烘烘的。

习仲勋和班禅分坐在靠窗的一对老式木椅上，两人就像老朋友一样聊家常，谈得热烈又亲切。担任翻译工作的是中央派驻堪厅的副代表牙含章。他早年曾在西藏、甘南以藏学学者身份，做藏族头人的工作，精通藏学，了解藏情，是一位著名的藏学家，这是党中央和习仲勋给班禅配备的得力助手之一。

这次会见中，习仲勋向班禅传达了党中央毛主席、周总理对进藏一事的高度关心，并通报了各项具体事项的安排进展情况，其进藏的事项，按中央部署，物资运输和安全保障等工作均由慕生忠将军负责，在香日德集中了一万多骆驼、牦牛、马匹的运输

毛主席赠给班禅的道奇小轿车

队，各类物资已调集齐全，还特别强调了安保工作的落实情况。各项安排力求做到万无一失，就连一匹马配了几付备用马掌的小事也提到了。但习仲勋仍再三询问班禅，还有什么困难或需要尽管说。“只要佛爷需要，我们将尽力满足。”计晋美代表堪厅提了一个要求，习仲勋立即答应。即毛主席赠班禅的道奇小轿车，具有重要的象征意义，班禅十分喜爱。由于当时青藏并无公路，堪厅希望政府帮助运至日喀则。习仲勋当即决定由青海省政府总务处负责将小车拆成大零件并加包装，用牦牛驮至西藏。

于是在班禅进藏的庞大队伍中，有了一支由 18 头牦牛组成的特殊驮队，驮着道奇小轿车。所有牦牛的角上都挂着雪白的哈达，哈达在风中飘扬，十分显眼，伴随着长长的牦牛驮队，一直飘到西藏。

还有堪厅没敢想的两件事，习仲勋也提出来了。其一，党中央、国务院拨付给堪厅 3 万元银元，作为班禅和堪厅到达西藏时的开支。就当时而言，这是一笔很大的巨款。其二，批拨班禅及堪厅步枪、手枪数十支，作沿途和到达西藏后的自卫枪支。

当时，中央为班禅进藏组建了一支 300 余人的警卫营，作为班禅西进的警卫部队，这是一支装备精良、忠诚可靠的由蒙古、藏族战士组成的骑兵队伍。沿途尚有解放军作外围警戒，安全是绝对没问题的。但习仲勋赠送枪支有着更深层的考虑，这一点在堪厅进入西藏后，才领会到其重要意义。

总之，习仲勋同志对班禅一行无微不至的关怀和雪中送炭的深情，给班禅和堪厅全体人员以莫大的鼓舞。

会见在上午 11 时结束。习仲勋和班禅一同走出客厅，两人脸上都洋溢着祥和的笑容。习仲勋向等候在佛殿大院中的堪厅全体人员、西藏三大寺迎佛代表、随班禅进藏的甘青各地的活佛等作了讲话。宋之枢先生说，习仲勋讲话语气平和，热情洋溢，充满关爱和祝愿之情，非常感人。全体人员都双手合十低头聆听，以佛教仪轨尽表虔诚感恩之心。

班禅一行离开西宁，经 4 个多月的艰苦跋涉，于 1952 年 4 月 28 日平安抵达拉萨。

班禅进藏是一项无比艰巨的重大任务。此举涉及政治、军事、民族、宗教等各方面，相互之间又盘根错节，极为复杂，且时值隆冬，进藏队伍受严酷的自然环境的制约，路途艰辛，可谓“雄关漫道真如铁”。

习仲勋同志作为班禅进藏大军的主要指挥员，他高举党的统一战线大旗，高瞻远瞩，运筹帷幄，指挥若定，决胜千里，圆满完成了十世班禅进藏这一旷世伟业，其意义深远，永载史册。同时，习仲勋与班禅的40载革命友情，历经艰难而如初，为党的统一战线工作树立了一个光辉典范，为后世留下了一份弥足珍贵的精神财富。鉴于此，笔者提议应由政协委员以提案的方式，建议在宏觉寺建成习仲勋纪念馆，供后人学习瞻仰。

（本文作者系青海省地方史专家、青海省政协民族宗教委员会原副主任）

附录三

习仲勋同志在西宁宏觉寺为十世班禅赴藏送行70周年纪念

降边嘉措　噶尔哇·阿旺桑波

2021年正值习仲勋开辟京藏路线为十世班禅赴藏送行70周年。我们怀着无限的敬仰，纪念两位伟人肝胆相照、真诚无私的伟大友谊，缅怀两位伟大的爱国先辈彪炳千秋的丰功伟绩。

时任中共西北局书记、西北军政委员会副主席习仲勋，于1951年3月19日，派西藏工委书记范明来到青海西宁，迎接十世班禅前往北京，这是十世班禅首次进京。十世班禅一行到达西安时，受到习仲勋无微不至的关怀和最热情的迎接。从西安抵达北京后，十世班禅一行又得到了毛主席和中央领导的亲切接见，并参加了具有历史性的西藏和平解放《十七条协议》

签字仪式。为了贯彻执行这份协议，促进西藏和平解放，实现十世班禅返回西藏的心愿，中央指示西北局和西藏工委，认真落实十世班禅入藏的各项事宜。由此，中共西北局书记习仲勋

历代班禅大师在青海西宁的驻锡地——宗喀大慈宏觉寺

亲自部署，为十世班禅开辟了从北京出发，至西安、兰州、西宁、香日德、拉萨、扎什伦布寺等六个阶段的京藏路线。这年6月2日，十世班禅一行从北京到达西安后，习仲勋代表中共西北局和西北军政委员会隆重迎接了十世班禅一行，并仔细商议、部署、询问、准备和落实入藏的各项事宜。之后，班禅大师一行经过兰州到达了西宁宏觉寺。1951年12月19日，习仲勋代表党中央、毛主席、周总理专程来到西宁宏觉寺，为十世班禅赴藏送行。十世班禅及护送人员一行沿着新开辟的京藏路线，经过了香日德、唐古拉山、黑河、拉萨，最后顺利到达历代班禅大师祖庭扎什伦布寺，并在此举行了庄严和隆重的、具有历史性的坐床大典，圆满实现了两世班禅的夙愿。因此，我们今天齐聚在西宁宏觉寺，举行习仲勋开辟京藏路线为十世班禅赴藏送行70周年纪念活动，具有重要的政治意义、历史意义和极其特别的纪念意义。

在美丽的雪域高原上，在中华多民族大家庭里，文都昆氏家族与萨迦昆氏家族一脉相承，作为藏传佛教的一支重要教派，历史上可谓高僧辈出。萨迦昆氏家族诞生了萨迦班智达、帝师八思巴、白兰王恰那多杰、帝师亦怜真、本钦·益西迥乃等五大法王；文都昆氏家族也诞生了敦珠仁钦、三洛齐扎巴拉、赤钦·金巴嘉措、拉科仁波切、十世班禅大师等五大法王。伟大的爱国主义者、著名的国务活动家、中国共产党的忠诚朋友、中国藏传佛教的杰出领袖十世班禅大师，与元代凉州会盟的主要人物萨迦班智达和帝师八思巴有着血脉、法脉双重的传承关系。

1938年农历正月初三,十世班禅诞生于青海省循化县文都昆氏家族。1943年他5岁时，被认定为九世班禅转世灵童，在塔

少年十世班禅在西宁宏觉寺驻锡学习时的照片

尔寺拉科仁波切座前受戒，取名为“确吉坚赞”，并开始在湟中塔尔寺和西宁宏觉寺学习因明学等佛学理论。1949年6月3日，国民政府在广州颁布命令：“青海灵童官保慈丹，慧性澄圆，灵异夙著，查系第九世班禅额尔德尼转世，应即免于掣签，特继任为第十世班禅额尔德尼。”随即派出新任蒙藏委员会委员长关吉玉作为专使，前往青海，主持十世班禅的坐床大典。同年8月10日，由专使关吉玉和青海省主席马步芳主持，坐床大典在塔尔寺普观文殊殿前大讲经院隆重举行。当时，民国政府在撤离大陆时，曾计划要把一部分少数民族的知名人士带到台湾，十世班禅大师和喜饶嘉措大师等，皆是他们争取的重点对象。8 月底，国民党派人来邀请驻锡在西宁宏觉寺的十世班禅前往台湾时，年仅 11 岁的十世班禅果断地予以拒绝，毅然选择要带领藏族人民紧紧跟随中国共产党。事实证明，班禅大师的这一英明选择，完全符合历史大潮。当时，为避免国民党政府的纠缠，十世班禅大师和堪布会议厅部分主要人物转移到了香日德避险。

从后来公开的文件中可以看到，当时，毛主席在关于兰州战役的指示中，即高瞻远瞩地提出了经营西藏的问题，而要经营好西藏，就必须正确对待和处理好十世班禅及相关宗教问题。毛主席在关于西藏问题的第一个指示中明确提出：“请十分注意保护并尊重十世班禅。”1949 年 8 月 6 日，毛主席在致彭德怀、贺龙、习仲勋的电报中又特别提醒：“十世班禅现到兰州，你们攻兰州时请十分注意保护并尊重十世班禅及甘青境内的西藏人，以为解

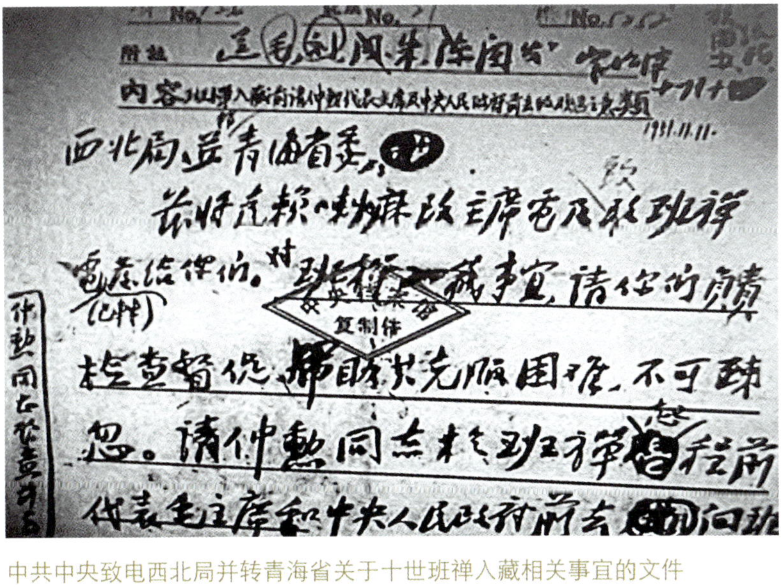
西北局并青海省委：

兹将达赖喇嘛致主席电及我致班禅电底给你们。对班禅入藏事宜，请你们负责检查督促，帮助其克服困难，不可疏忽。请仲勋同志于班禅起程前代表毛主席和中央人民政府前去

中共中央致电西北局并转青海省关于十世班禅入藏相关事宜的文件

决西藏问题的准备。”

1949 年 8 月 6 日，毛主席致彭德怀、贺龙、习仲勋的电文中明确提出：“请十分注意保护并尊重十世班禅。”

从这封电报可以清楚地看到，毛主席把“保护并尊重十世班禅及甘青境内的西藏人”，作为“解决西藏问题”的一个重要内容，一个必不可少的“准备”；一般地“保护并尊重”还不行，必须“十分注意”。那一年，十世班禅年仅 11 岁。毛主席以这样郑重的态度、严肃而细致的措辞，指示和提醒西北局与第一野战军的领导同志，“十分注意保护并尊重十世班禅”，同时也把“解决西藏问题”的任务，提到了议事日程上。

遵照党中央和毛主席、周总理的指示，在团结和保护十世班禅的全过程中，习仲勋作为中共西北局副书记、西北军政委员会副主席，做了大量真诚和细致的工作，发挥了重要作用。

兰州解放后，人民解放军发现十世班禅不在甘肃，而驻锡在青海湟中塔尔寺和西宁宏觉寺。遵照毛主席的指示，第一野战军第一军在军长贺炳炎、政委廖汉生的率领下，于 9 月 2 日解放西宁后，立即与班禅及其行辕取得联系，转达了党中央、毛主席对他们的关怀，也讲明了共产党的民族政策。解放军转达的共产党、毛主席的关怀，让十世班禅倍感温暖，也顿生一种信任和安全感。

1949 年 10 月 1 日，中华人民共和国宣告成立的消息传来，十世班禅和堪布厅全体成员欢欣鼓舞，当即指定班禅行辕秘书长计晋美等人起草了祝贺电文。当日，十世班禅在香日德分别给毛主席、朱总司令和彭德怀副总司令发出致敬电，全文如下：

1949 年 10 月 1 日，十世班禅在香日德班禅行辕致电毛主席、朱总司令祝贺中华人民共和国成立

北京中央人民政府毛主席、中国人民解放军朱总司令钧鉴：钧座以大智大勇之略，成救国救民之业，义师所至，全国腾欢，十世班禅世受国恩，备荷优崇。二十余年来，为了西藏领土主权之完整，呼吁奔走，未尝稍懈。第以未获结果，良用疚心。刻下羁留青海，待命返藏。兹幸在钧座领导之下，西北已获解放，中央人民政府成立，凡有血气，同声鼓舞。今后人民之康乐可期，国家之复兴有望。西藏解放，指日可待，班禅大师谨代表全藏人民，向钧座致崇高无上之敬意，并矢拥护爱戴之忱。

班禅额尔德尼叩，十月一日

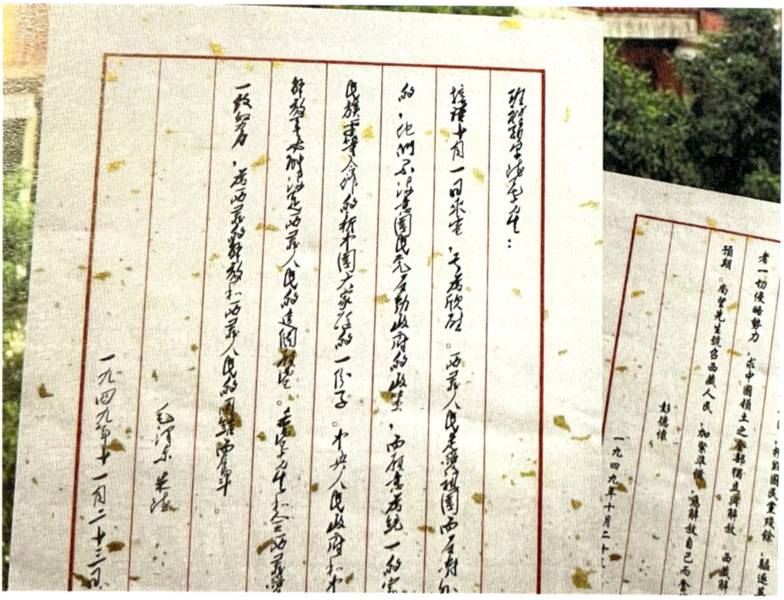

1949 年 11 月 23 日，毛主席、朱总司令联名复电十世班禅

11 月 23 日，毛主席和朱总司令联名复电十世班禅，电文说：

接读十月一日来电，甚为欣慰。西藏人民是爱祖国而反对外国侵略的，他们不满意国民党反动派政府的政策，而愿意成为统一的富强的各民族平等合作的新中国大家庭的一分子。中央人民政府和中国人民解放军必能满足西藏人民的这个愿望。希望先生和全西藏爱国人士一致努力，为西藏的解放和汉藏人民的团结而奋斗。[①]

① 范明：《把五星红旗高高地插在喜马拉雅山上：护送十世班禅大师返藏纪实》，南海出版公司，2013 年 12 月，第 4、6 页。

西藏班禅驻青办公处

同时，彭德怀副司令员亦电复十世班禅，高度评价十世班禅及堪布厅的爱国热忱，并向大师致以亲切问候。

这几份电报，是十世班禅同共产党、毛主席以及新中国的人民政府建立直接联系的第一批正式文件，也是极为重要的历史文献。从此时起，直到大师圆寂，近 40 年的时间里，班禅大师时刻铭记中国共产党、毛主席的教诲，忠实地践行自己的诺言，不管出现什么样的风浪，不论处于多么严峻的环境，始终一心一意听党的话，坚定不移地维护祖国统一和民族团结，为建设新西藏，为建设伟大的新中国，殚精竭虑，贡献了自己全部的智慧和才华。

新中国成立后，中央人民政府、西北军政委员会十分关心十世班禅，与西宁宏觉寺西藏班禅驻青办公处及其堪布会议厅保持着密切联系，并在生活和宗教工作上给予悉心的照顾。当时，青海省军管会负责人廖汉生负责与堪布厅联系，帮助他们解决一些实际困难和问题，安排堪布厅全体成员的工作和生活，同时也诚恳地了解与听取他们的意见和要求，及时向中央和西北局汇报。在西北局和青海省政府的关怀下，十世班禅大师从香日德返回湟中塔尔寺班禅行宫，班禅堪布厅也回到西宁宏觉寺西藏班禅驻青办公处。经过长期的颠沛流离，终于有了一个比较安定的环境，十世班禅及其亲属和堪布厅都感到十分欣慰。

1950 年 6 月，十世班禅大师派计晋美等人作为他的代表，专程到西安拜会西北局的领导，提出有关解放西藏办法的建议。彭德怀和习仲勋热情支持十世班禅的爱国义举，感谢他对中国共产党的信赖。习仲勋时任中共西北局副书记、西北军政委员会副主席，作为彭德怀的主要助手，分管民族、宗教工作，第一次与

十世班禅在西宁宏觉寺西藏班禅驻青办公处与西藏工委书记兼西北局班禅行辕代表范明（左）和西藏工委秘书长兼班禅行辕助理牙含章（右）合影

十世班禅派来的人员接触。10 月，彭老总率中国人民志愿军赴朝作战之后，西北局和西北军政委员会的工作就由习仲勋全面主持，同时负责与十世班禅的联系。11 月，习仲勋为了贯彻中央指示，作了两个具体指示，任命范明为西藏工委书记，筹备进军西藏事宜。

1951 年 2 月 27 日，中共西北局书记、西北军政委员会副主席习仲勋根据中央的决定，正式任命范明兼任西北军政委员会西宁宏觉寺驻西藏班禅驻青办公处班禅行辕代表，任命西北西藏工委委员牙含章任助理代表。3 月 27 日，习仲勋按照毛主席和党中央的指示，派范明去邀请驻锡在湟中塔尔寺和西宁宏觉寺的十世班禅，沿着唐蕃古道沿线经过青、甘、陕等地进京。当时，班禅堪布会议厅提出，班禅大师进京的接待规格，不能低于过去北洋

1951 年 4 月 22 日，习仲勋率领西北军政委员会代表热烈欢迎途经西安赴北京的十世班禅

政府和国民政府接待九世班禅进京的规格。4 月 12 日，范明就如何接待十世班禅的礼节等问题，专门向党中央和中共西北局书记习仲勋发报请示。党中央和西北局复电，要求当十世班禅途经青、甘、陕时，必须按照过去迎送九世班禅进京时的规格迎送。4 月 19 日，十世班禅大师一行从湟中塔尔寺到达西宁宏觉寺。20 日，青海省党、政、军各级领导，塔尔寺等青海各大寺院的活佛、高僧大德以及僧俗群众代表，前来为十世班禅一行前往北京送行。十世班禅此行，将要接受新中国的人民领袖毛主席的接见，以及参加西藏和平解放《十七条协议》签订仪式。

班禅一行到达兰州后，甘肃省党政军首长张宗逊、张德生、邓宝珊、吴作宾等和兰州各机关干部、群众团体代表、西北民族学院学生、各族各界群众3000余人，以及身披袈裟、手持香炷的高僧大德和僧众1000余人，按照传统礼节，举行了隆重的欢迎仪式。十世班禅一行在兰州住了三天，其间在兴远寺举行了为僧俗信众摸顶等宗教活动。之后，由范明陪同十世班禅一行乘机到达西安。中共中央西北局书记、西北军政委员会副主席习仲勋，陕西省政府主席马明方，西北民族事务委员会主任汪锋，中央民委特派欢迎代表杨静仁等负责人，以及各界群众、学生，皆

西安广仁寺

到机场迎接，少年儿童代表向十世班禅献了鲜花。在飞机舷梯下，十世班禅紧紧握住习仲勋的手，激动地说道：“我们是专程去北京向毛主席致敬的，我要把藏族人民对中央人民政府和毛主席的良好祝愿亲口转达给毛主席！”在欢迎会上，十世班禅表示，坚决拥护中央人民政府，决心与西藏各界爱国人士一道，为西藏的解放和藏族人民的团结而努力奋斗。当时，十世班禅的爱国热情和坦诚豪爽的性格，给习仲勋留下了深刻的印象。

一、起点：北京

十世班禅一行在西安住了三天，其间还在广仁寺举行了佛事活动。4 月 22 日，西藏以阿沛·阿旺晋美为首席全权代表的和谈代表团到达北京。4 月 27 日，由范明陪同的十世班禅一行乘坐火车也抵达首都北京，受到中央人民政府副主席朱德、李济深，政

周恩来、朱德等党和国家领导人在北京火车站迎接少年十世班禅

务院总理周恩来等领导人，民族事务委员会机关干部、中央民族学院学生、北京市的居士、高僧大德和僧俗群众，以及在京藏族人士代表的热烈欢迎，欢迎仪式极为庄严隆重。

十世班禅大师驻锡在北京畅观楼。当晚，周恩来总理在中南海宴请十世班禅大师。这是十世班禅大师第一次见到敬爱的周总理，也是第一次参加重要的国家政务活动。和蔼可亲的周总理给少年班禅留下了难以忘怀的印象，对他的成长和今后所走的道路，也产生了深刻影响。同样，年轻的班禅也给周总理留下了很深的印象。事后，周总理对十世班禅这样评价："年仅 13 岁的少年活佛，英俊潇洒"。两个人从此建立起了真诚的个人友谊，十世班禅把敬爱的周总理当作自己毕生的长辈和导师。

几天后，正值"五一"国际劳动节。这天上午 10 时，十世班禅大师和阿沛一行，应邀登上天安门城楼，受到毛泽东主席的亲切接见。十世班禅大师庄重而又恭敬地向毛主席敬献了哈达。阿沛也向毛主席敬献了哈达。毛主席高兴地接了哈达，并在讲话中勉励十世班禅，拥护中国共产党，拥护中央人民政府，拥护中国人民解放军进军西藏，为西藏和平解放做出贡献。十世班禅听到毛主席的勉励后，欣喜不已，心情激动。在庄严的天安门城楼上，十世班禅还见到了刘少奇、朱德、周恩来、宋庆龄、张澜、李济深、沈钧儒等党和国家领导人。

经过中央人民政府全权代表李维汉等同西藏地方政府代表的多次谈判，1951 年 5 月 23 日，在北京举行了具有重大历史意义的《中央人民政府和西藏地方政府关于和平解放西藏办法的协议》的签订仪式。协议签订仪式的第二天下午，十世班禅大师率领班禅堪布会议厅主要负责官员，向毛主席和中央人民政府致敬，献给毛主席一面用藏汉两种文字书写着“中国各民族人民的大救星”的锦旗。当晚，毛主席为庆祝协议签订设宴，并发表讲话，赞扬了十世班禅爱国、爱教的大义之举。

二、西安

6 月 2 日，十世班禅大师一行离开北京赴天津、上海、杭州等地，参观新中国的建设新面貌。这是十世班禅大师首次到祖国内地参观访问。6 月 21 日，十世班禅大师一行从北京返抵西安时，

习仲勋与十世班禅大师在西安班禅楼前留影

兴远寺

习仲勋亲自前往迎接，这是他们俩的第二次见面。当时，细致周到的习仲勋在西北军政委员会大院内，让人专门为十世班禅修建了一座“班禅小楼”，专供十世班禅进京途中驻锡。其时，少年班禅童心未泯，曾和习仲勋的儿女们一起在小院内嬉戏玩耍，成为儿时的玩伴，也成了长大后彼此难忘的快乐记忆。

班禅大师此次进京，由西北局书记习仲勋亲自安排部署，圆满完成了参与西藏和平解放的《十七条协议》的签订等各项重大事务。

三、兰州

6 月 24 日，十世班禅大师一行到达兰州后，由甘肃省党政军领导张宗逊、张德生、邓宝珊、吴作宾、黄正清等和兰州市各级机关和有关部门干部代表、群众团体代表、西北民族学院学生各民族代表和各界群众代表，以及拉卜楞寺等各大寺院活佛代表、高僧大德和僧众前来迎接，敬献哈达。按照传统礼节，举行了隆重的欢迎仪式。十世班禅大师一行在兰州驻锡在兴远寺，举行了为僧俗信众摸顶等宗教活动。

四、中点：西宁

6月25日，十世班禅大师一行经过兰州回到西宁，在青海省党政军各级领导、塔尔寺等青海各大寺院活佛、高僧大德，以及僧俗群众代表的隆重迎接下，返回西宁宏觉寺班禅行宫。26日，十世班禅大师从塔尔寺修书一封，致敬和致谢习仲勋同志。信中写道："今后敬以至诚，愿在毛主席和您的领导下，为建设繁荣幸福的新西藏而努力。"

这年6月底，习仲勋向西北西藏工委指示："要在唐蕃古道、清代官道等原有路线的基础上，派人详细实地勘查收集由青海入藏的几条路线情况，为十世班禅入藏开辟有利的路线。"西北西藏工委依照习仲勋书记指示，专派卫志毅等同志对各条线路所经地名、里程、气候、山川、河流、路况、社情等进行详细调查，并对中路进行了实地踏勘，之后经工委会议分析比较，确定中路路线较为有利，并于1951年7月3日将此路线上报西北局书记习仲勋。报告中详细地介绍了沿路的实况：

行军路线，根据我们派人实际勘察结果，最后确定由西宁出发西南行约1200里到达都兰香日德。香日德有60多户人家，可以设站，已派干部前去；由香日德折向西南行，有鄂陵湖、扎陵湖，南行500余里到达黄河源，虽无人家，但系一大盆地，水草

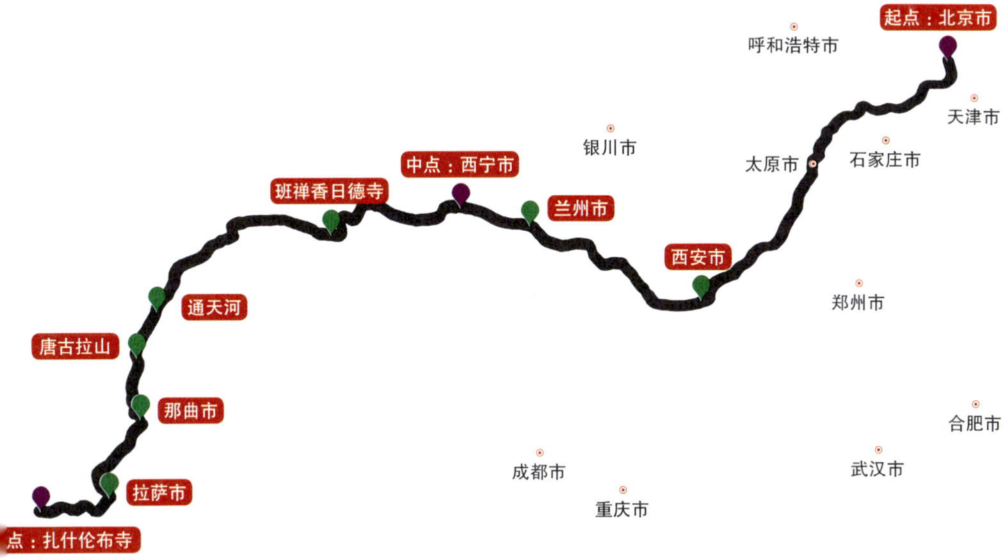

习仲勋开辟十世班禅大师进藏之京藏路线示意图

丰美，可以休息；再西行约500里到达曲麻莱东，即长江发源之通天河，有班禅行辕四品官米福堂在该地任裸洛部落县长，虽无房屋，但可集中藏民帐篷数十家，可临时设站，已派干部前去；再西南行约600里到达麦根马扎东，有少数藏族游牧部落，打通关系后亦可设临时站；再西南行约400里即到黑河，再南行约800里即到拉萨。全程共计约4500里，虽无柴烧，但牛粪可设法解决。若无特殊意外变化，约需90到100天即可胜利到达拉萨。①

这条进藏路线，最终得到习仲勋的批准。这条路线，是清朝乾隆皇帝邀请六世班禅进京祝寿和九世班禅赴京的路线，也是在

① 范明：《把五星红旗高高地插在喜马拉雅山上：护送十世班禅大师返藏纪实》，南海出版公司，2013年12月，第38页。

西宁宏觉寺班禅行宫

唐代两位公主进藏的唐蕃古道沿线的基础上开辟的入藏线路。可以说，有史以来，这条入藏路线，就是一条民族团结、和平统一、和平解放之路。如今，因为习仲勋的亲自部署和亲切关怀，以及他与十世班禅大师真诚无私的友谊，在这条象征着民族团结的路上，又谱写了一段全新的传世佳话。

11月11日，中共中央致电西北局并转青海省委："对班禅入藏事宜，请你们负责检查督促，帮助其克服困难，不可疏忽"，"请仲勋同志于班禅起程前代表毛主席和中央人民政府前去向班禅致欢送之意并向随同入藏的藏汉人员讲解政策"。[①] 自十世班禅大师从北京回到青海后，习仲勋即派范明和牙含章赴青海西宁，在西宁宏觉寺和湟中塔尔寺多次会晤了十世班禅大师和堪布会议厅的负责官员计晋美、拉敏·益喜楚臣等人士，经过共同研究，并请示西北局后，习仲勋指示：十世班禅回藏拟分两批走，第一批由范明和计晋美先到拉萨，与噶厦交换意见，对十世班禅回藏做好各种安排，特别是十世班禅一行到达西藏境内以后的乌拉供应事宜；第二批由牙含章率领一部分部队和干部，护送十世班禅及堪布会议厅所有官员及其眷属，以及十世班禅警卫营、医疗队、文工团等一起入藏。先到拉萨，然后再到扎什伦布寺。由范明和计晋美一起进藏的第一批人员共有干部和警卫部队560余人，民夫570余人（包括计晋美及堪布会议厅官员及其随从百余人），从香日德出发时有马1130余匹，骡子1700余匹，骆驼1300余峰，牦牛7000余头。

范明从兰州到西宁检查工作后，即到西宁宏觉寺向十世班禅

① 夏蒙、王小强：《习仲勋画传》，人民出版社，2014年11月，第150页。

辞别，于1951年8月1日从西宁先行出发，12月1日到达拉萨，与十八军进藏部队胜利会师。全程共5000里，历时120天。根据中央指示，习仲勋决定："护送十世班禅及堪布会议厅全体官员、眷属的第二批进藏人员，定于1951年12月从西宁启程，经过香日德、那曲到达拉萨。"[1]

遵照习仲勋指示，牙含章与班禅堪布会议厅的官员研究决定，自西宁出发的时间不变，路线则做两手准备，如遇不上"雪封山"的恶劣天气，就从唐古拉山直赴那曲；如不幸遇到"雪封山"，过不去，则拟绕道三十九族地区，路上会多走一个多月，但仍可到达那曲。

为了做好可能遇上"雪封山"的最坏的准备，他们雇了300峰骆驼，7000头牦牛，驮运足够的人粮、马料和燃料。另外，堪布会议厅官员和眷属以及护送的干部和战士各准备两匹马，轮换骑乘。还有骡子200余头，驮了"架窝子"100副，供伤、病员使用。班禅堪布会议厅有十世班禅大师、大师父母和弟弟、经师嘉雅活佛、秘书长拉敏·益喜楚臣、土丹尼玛连同家属、随员等235人。

1951年12月13日，习仲勋到达西宁，为护送班禅进藏的牙含章、刘肇功、李仲西等讲了民族政策，并谆谆教导、再三叮嘱。14日，习仲勋前往湟中塔尔寺拜访十世班禅，对十世班禅说："我此次来西宁，是代表中国共产党中央和毛主席欢送佛爷返回西藏的。"十世班禅连声致谢说："没有共产党，没有毛主席，我们是回不了西藏的。"15日，十世班禅大师离开湟中塔尔寺来到西宁宏觉寺班禅行宫。同日，由中共中央西北局书记、西

① 牙含章：《班禅额尔德尼传》，西藏人民出版社，1987年11月，第326页。

十世班禅返藏之际与青海省委、省政府领导及各方人士一起合影

北军政委员会副主席习仲勋代表党中央、毛主席、周总理专程到宏觉寺班禅行宫，与青海省党政军领导一起，和十世班禅亲切交谈，就返藏事宜再次征求意见，还赠送十世班禅银元3万元。班禅行辕的官员向习仲勋汇报了筹备工作情况。习仲勋又一一询问和检查了西藏班禅驻青办公处对返藏的筹备工作，最后还称赞了十世班禅热爱祖国、拥护共产党的家国情怀，勉励十世班禅，要认真执行《十七条协议》规定，到了西藏后，要与噶厦官员互相谅解，搞好团结，为建设新西藏作出贡献。

12月16日下午7时，欢送十世班禅返藏的大会在青海省政府礼堂隆重举行。习仲勋代表毛主席、周恩来总理、中央人民政府和西北军政委员会致欢送词，他说："我希望并且相信，十世班禅回藏后，一定能够在毛主席和中央人民政府领导下，同达赖喇嘛更加紧密团结，并在人民解放军协助下，忠实地执行和平解放西藏办法协议的全部规定，为根除帝国主义影响，为巩固祖国边防，为促进西藏政治、经济、文化各方面不断获得发展和进

习仲勋代表西北军政委员会前来送行，其间习仲勋和十世班禅、喜饶嘉措大师、青海省委省政府领导及各界人士一起合影

步，为建设一个辉煌灿烂的新西藏而奋斗！”十班禅大师在致答词时感激地说：“我们只有跟着共产党和毛主席走，只有同祖国各兄弟民族紧密地团结起来，我们西藏民族才能得到彻底的解放，别的道路是没有的。”

17 日中午，习仲勋又与十世班禅及其随员谈心，嘱咐他回藏后，要主动搞好团结，要估计到可能遇到的困难，要有克服困难的信心和勇气，但不能性急，执行协议也要一步一步地去做。堪布会议厅官员提出，需要一定数量的枪支和银元，并希望带辆小轿车到日喀则供班禅大师使用。习仲勋当即表示：“只要是佛爷需要的，我们千方百计，尽力满足。”并说：“明日即可全部兑现。”随后，习仲勋亲自批准将一辆小汽车“大卸八块”，捆在牦牛背上带进西藏。

1951 年 12 月 19 日，习仲勋在西宁宏觉寺大门口为十世班禅大师赴藏乘车送行

18 日，习仲勋以彻底实现和平解决西藏办法的协议为题，用一天时间，向班禅行辕人员和入藏的汉族干部共 300 余人作了指示。他明确指出："在西藏做工作，要采取'稳进慎重'方针，不能犯急性病。所谓'稳进'不是不进，而是多用思想，多考虑，应办不应办？办了以后，后果如何？这样做，办一步就有一步成绩，并且可以巩固起来。这是搞好西藏工作的方针。在西藏有些事情宁可迟办，不可急办，不怕慢，只要搞对，否则反而要走弯路。"[1] 这一天，已于 16 日和中共西北西藏工委一同到达拉萨

① 夏蒙、王小强：《习仲勋画传》，人民出版社，2014 年 11 月，第 152 页。

的班禅行辕工作队，致电习仲勋：我们深知这个胜利是您和光荣的党——共产党给予我们的，使我们真是感激不尽。

19日，十世班禅在西宁宏觉寺班禅行宫启程返藏。习仲勋向西北局派驻班禅行辕的副代表牙含章等人传达了中央关于西藏工作的指导思想和基本方针。习仲勋特别强调，到了西藏，在社会上，要加强团结，在党内，要特别注意搞好西北和西南两部分的团结，这是做好西藏工作的关键。习仲勋要求牙含章将中央和西北局的有关指示向西藏工委转达。

习仲勋对十世班禅返藏之行的殷切关怀，对十世班禅关心备至的情谊，真诚无私，感人至深。他一再嘱咐道：您回西藏后，不要急，要照顾全局，首先要做好藏族内部的团结，这样西藏各方面的工作才有希望。西藏的一切工作都要贯彻慎重稳进的

十世班禅西宁至拉萨的入藏路线简图

方针，条件不成熟的事不要办，上层爱国人士和领袖人物不同意的事不要办。西藏工作要以反帝爱国统一战线为主。离开宏觉寺时，十世班禅为习仲勋献上了洁白的哈达，习仲勋紧紧握着十世班禅的手说："祝佛爷一路顺风！"十世班禅向习仲勋躬身拜别。

十世班禅大师及其行辕人员在西北西藏工委秘书长兼西北军政委员会驻班禅行辕助理代表牙含章和班禅堪布会议厅副秘书长梁选贤等陪同护送下，离开西宁城。西宁城外，也举行了隆重的欢送仪式。青海省人民政府主席赵寿山、副主席张忠良、喜饶嘉措大师、马辅臣，青海省军区政委廖汉生等均参加了欢送仪式，参加欢送仪式的还有塔尔寺、拉卜楞寺等青、甘地区活佛、高僧大德和各地区著名人士、群众代表，以及西宁市的各族群众近万人。

五、都兰香日德

从西宁出发往西南行约1200里，即可到达都兰县香日德。

十世班禅及其护送人员一行从香日德出发

十世班禅大师及其护送人员一行到达诺木岗

虽然只有几百公里，但因路况不好，车行也要 6 天。十世班禅大师一行经湟源县，翻越日月山，行经海南共和县倒淌河、青海湖、橡皮山、乌兰茶卡镇、海西都兰县等地，12 月 25 日到达香日德班禅行辕，受到都兰县委书记兼驻军政委方新、县领导与当地蒙古、藏族群众数百人的热烈欢迎。

班禅大师对香日德感情笃深，他在香日德班禅行辕停留了 18 天。驻锡期间，班禅大师为前来顶礼的信众一一摸顶赐福。梁选贤同志向班禅堪布厅的全体人员传达了习仲勋在塔尔寺所作的强调藏汉民族团结的指示。堪布厅宣传队还为群众演出节目，散发了宣传品，讲解党的民族宗教政策。

这时候，在香日德已经集齐了担负驮运连任务的骆驼 3000 余峰，组成 10 峰一套，由 300 多人分头驱使；7000 余头牦牛，由 700 多牧民分赶。这么多的骆驼和牦牛，驮运全部返藏人员的口粮、冻肉、马料、帐篷、炊具和燃料等生活必需品及电台等通信设施。牙含章等筹备办公室的人员，又从陕、甘、青各地采购到乘马 2600 余匹，保证每人沿途有两匹壮马轮流骑乘。另外，

十世班禅及其护送人员一行在黄河滩度过了1952年春节

还购买了关中骡子400余头，组成两头抬架窝子即驮轿200副，有的专供班禅及经师等乘坐，有的为途中发生疾病的伤病员备用。

从香日德出发，每一个阶段性路线有几个站点，整个路线有10个阶段，即1.诺木岗，2.黄河滩，3.巴颜喀拉山，4.曲麻莱，5.通天河，6.唐古拉，7.黑河，8.热振寺，9.拉萨城，10.扎什伦布寺。

1952年1月12日从香日德出发的第一站为考里，第二站是伊克高尔，第三站就是诺木岗。这地方很不一般，人们早就注意到它。从香日德出发的前几天，牙含章副代表就派人去探测过。诺木岗的特点是山高（海拔约5000米）坡陡，空气稀薄，积雪路滑，行走困难。从坡底到坡顶，足足爬了四五个小时。队伍到宿营地已是下午3点多。这里折向西南行，有果洛玛多境内的鄂陵湖、扎陵湖，南行500余里到达黄河源，虽无人家，但系一大盆地。

十世班禅及其护送人员一行顺利渡过通天河七渡口

从诺木岗向西南行要经过河拉绰、鄂陵湖、扎陵湖，三天就到达黄河滩。这里是巴颜喀拉山北麓。碎石呈紫红色，冲积成滩，南高北低，渍水细流很多，汇集成河，河水也呈紫红色。人烟稀少，在行军事务上和宗教活动上都无多大关系，仅因其交通位置适宜于宿营。是黄河水源所在地，故为人们所注意。

1 月下旬，行辕到达曲麻莱县麻多乡黄河源头佐木龙沟大草原，这里水草丰美，正逢 1952 年春节，在这里休息了几天。当时，十世班禅大师在这里写诗道：

黄河源头壮美啊啦啦！
汉藏亲密团结啊啦啦！
喜看人畜兴旺啊啦啦！
十世班禅赞颂啊啦啦！

2 月 3 日，随班禅大师返藏的随行人员完成了第二阶段的行程。从黄河滩再前行，到达佐木龙沟口，又进入巴颜喀拉山，第四天宿营地为巴颜喀拉山。山势虽不太陡峭，空气却很稀薄，人的感觉如同在诺木岗一样，地冻天寒、冷气逼人。“日光淡兮草短，月色苦兮霜白”，自然景象为人们蒙上了一层悲伤气氛。

从巴颜喀拉山到塞外河，然后到曲麻莱县加青松多约两天路程，到达这里时，行军已经整整 10 天以上了。经过了山高坡陡的诺木岗，也经过了气候恶劣令人伤神的巴颜喀拉山，不论是在物资上，还是在精神上，对部队干部战士的影响都是不小的。有的人感到疲惫，有的人信心减退，加之通天河已在眼前，通过唐古拉的问题还没有最后定下来，困难尚多，为总结经验，吸取教训，坚定信心，积蓄力量继续前进，领导决定在曲麻莱休整两天。曲麻莱在巴颜喀拉山以南，通天河之北，是渡过通天河进入唐古拉山口的必经之地。

六、通天河

由曲麻莱县加青松多前行两天就到通天河，这是母亲河长江的上游，也是一道天堑，水大流急。正是冬季，河面结了厚厚的冰层。马匹踏在撒有沙粒的河面冰层上，发出嗒嗒的马蹄声，如同行走在河边沙石路上。大队人马凭着坚强的毅力和不屈的精神，不知不觉到了河的南岸。

七、唐古拉山

沿着通天河继续前行，经过杂居加卡、巴曲卡、雅拉干坝、江塞那热、麦马扎东、那木朵山口、加朵奥若马、茶龙松、维活色松等，历时二十几天后，到达唐古拉山口。这是从青海进入藏北黑河的必由之路。山区以内十分辽阔，山高缺氧，地冻天寒，尤其大雪之后，冰雪封冻，人马根本不能通行。唐古拉历来被人们视为畏途，最高处海拔 5800 米。大家都想早点离开险境，所以就马不停蹄，一鼓作气，加急赶路，第七天终于翻越了唐古拉山。

翻越了唐古拉，就取得了阶段性的胜利。这意味着已经越过了最艰险的地段，而且已进入西藏境内。继续向南行几天，经过松约卡、格让马后，在安多买马时碰见了达赖喇嘛和噶厦的代表。前来迎接班禅大师的 10 人，以一位堪穷和四品官为首，向班禅大师敬献哈达表示欢迎，并支应班禅大师和护送队沿途乌拉差役，向牧民们做了安排。在聂荣宗境内，又与堪厅组织的前来迎接班禅大师的代表德伦任木西和拉敏堪穷等十多人相遇。抚今追昔，大家无不感慨万千。到达聂荣宗时，受到了与文都昆氏家族具有血缘关系的索德三十九族部落头人的殊胜供养和隆重迎接。

八、那曲（黑河）

约在 1952 年 3 月下旬，马队到达黑河。黑河为藏北重镇，系由青海进入藏北之咽喉。它是一个草原集镇，有几百户人家，两座寺庙。一座喇嘛庙约 500 人，一座尼姑庙有 200 人。到黑河时，那曲总管、基宗一僧一俗（皆为四品官员）和当地活佛、高僧大德以及附近的牧民等约 1000 人前来欢迎，并在集镇内举行了隆重的欢迎仪式。

由黑河继续向南行进。进藏途中最困难的地带已经渡过，

十世班禅及其护送人员一行到达藏北重镇——黑河

约在1952年4月中旬，马队到达旁多。这里山清水秀，山上林木葱茏，山下流水潺潺，道旁香火缭绕，是著名的热振寺所在地。热振寺是藏传佛教噶当派祖庭，由阿底峡尊者亲传弟子仲敦巴所建，也是历代热振活佛驻锡和弘法道场。马队从热振寺出发到达离拉萨76里的吉日寺。途中经过鄂哈那夏山口、拉龙、旁多宗、林周宗。十世班禅一行到达吉日寺时，西藏工委派范明副书记，西藏军区派李觉参谋长前来迎接，一起研究了准备进入拉萨城的各项工作。

九、圣城拉萨

1952年4月27日，十世班禅大师及护送人员一行到达拉萨。从1951年12月19日离开西宁宏觉寺启程算起，加上在香日德、曲麻莱、黑河等地停留，一路上共走了133天。当天，西

1952 年 4 月 27 日，十世班禅及其护送人员一行顺利到达拉萨布达拉广场

藏地方政府在郊区搭起欢迎帐篷，为十世班禅大师举行了传统的欢迎仪式。噶伦等重要僧俗官员向班禅大师敬献了哈达，并迎请大师到过去萨迦班智达和帝师八思巴前往凉州会盟时途中驻锡过的大昭寺寝宫驻锡，并在大昭寺释迦牟尼佛等身像前诵经祈福。

大昭寺是藏传佛教的一处圣殿，历代班禅每到拉萨，皆驻锡在大昭寺二楼寝宫。因此，十世班禅大师也被邀请到大昭寺驻锡。

十世班禅大师一行在拉萨共待了 42 天。

十、终点：前往扎什伦布寺

1952 年 6 月 9 日，由牙含章继续护送十世班禅大师前往日喀则扎什伦布寺。十世班禅大师离开拉萨时，西藏地方政府在郊区搭帐篷欢送，噶伦等重要僧俗官员都敬献哈达送行。这次行走

十世班禅及其护送人员一行荣归历代班禅大师祖庭——扎什伦布寺，受到广大僧俗群众的热烈欢迎

的路线为南路，是萨迦班智达和帝师八思巴曾前往凉州会盟时经过的路线，基本是沿着雅鲁藏布江南岸，即拉萨市、曲水县、白地、浪卡子县、江孜县、白朗县、日喀则市，路程约需半个月。这时堪厅成员仍有270多人，班禅警卫营除一连仍留拉萨未动外，其余三个连全部随行。十世班禅大师及其护送人员一行，于6月23日到达日喀则扎什伦布寺。当时，前来迎接十世班禅大师的僧俗信众达五六万人，沿途排队欢迎的队伍有十几里长，十世班禅大师到达扎什伦布寺大门口后，踏着彩粉吉祥图案，在僧众仪仗队迎请下款款入寺，到达历代班禅行宫。

十世班禅大师回到扎什伦布寺后，依照历代班禅大师迎请与

藏传佛教六大寺院之一历代班禅大师祖庭——日喀则扎什伦布寺

坐床仪轨，全寺连续举行了十多天隆重的欢迎和庆祝仪式。

在庆祝仪式上，牙含章代表中共西北局书记习仲勋、西藏工委书记张经武，向班禅大师敬献了哈达，赠送了礼品，表达了衷心的祝贺。接着是班禅拉章举办的噶卓（庆祝素宴），各个扎仓举办的噶卓，以及农牧区民众代表举办的噶卓，然后是然巴噶伦代表西藏地方政府举办的噶卓。接着，堪布厅又在扎什伦布寺前广场上，举行了数万僧俗民众参加的庆祝大会，全场跳起了声势浩大、欢乐无比的吉祥“果谐”（锅庄舞）。庆祝会后，又连续演出了 6 天藏戏。

高原盛夏，天高气爽，人们穿着夏季新装，唱歌、跳舞、看戏；沐着阳光，伴着月亮，全城沉浸在欢乐愉悦的海洋之中。如此热烈的场面，在日喀则前所未有。这些时日，荣归故寺的十世

十世班禅大师荣登扎什伦布寺大经堂中心的历代班禅大师无上宝座

班禅大师，心情轻松舒畅，对新中国和新西藏的未来也充满信心，每天都在经师、堪布们的陪伴下与民同乐，共庆这来之不易、值得纪念的日子。

根据习仲勋指示，牙含章护送十世班禅大师回到扎什伦布寺后，还要帮助班禅堪布会议厅办好有关事宜。同时西藏工委决定成立中共日喀则分工委，由梁选贤、苗九锐分任正副书记。

回顾从北京返回西藏的漫漫历程，十世班禅大师不禁无限感慨，心潮激动难平。在西宁宏觉寺启程前，习仲勋在班禅行宫里对他的谆谆教诲，言犹在耳："您回西藏后，不要急，要照顾全局，首先要做好藏族内部的团结，这样西藏各方面的工作才有希望。西藏的一切工作都要贯彻慎重稳进的方针，条件不成熟的事不要办，上层爱国人士和领袖人物不同意的事不要办。西藏工作要以反帝爱国统一战线为主。"这些教诲，十世班禅时时刻刻铭记在心。在十世班禅心中，习仲勋不仅是自己最知心的朋友，更是一位高瞻远瞩、语重心长的长辈、导师和引路人。这份伟大的、真诚无私的友谊，一辈子都在温暖、支持和照耀着班禅大师。

习仲勋对十世班禅大师的谆谆教诲，两位伟人宝贵的交谈，是在西宁宏觉寺班禅行宫进行的。习仲勋和十世班禅大师长达近40年的伟大友谊，从这里开始。因此，宏觉寺不仅是两位伟人伟大友谊的重要起点，也是一处永恒的见证。从这个意义上讲，西宁宏觉寺，也是一座具有历史意义和象征意义的"红色寺院"，一座对后来人进行爱国主义教育的圣地和高地。因此，在习仲勋同志开辟京藏路线、为十世班禅大师赴藏送行70周年之际，我们在此纪念两位伟人肝胆相照的深情厚谊，缅怀两位爱国先辈为民族团结、祖国统一、和平解放西藏而合作共事，为铸牢中华民族共同体意识而立下的丰功伟绩。

1989年1月，十世班禅大师英年早逝，习仲勋怀着痛失挚友和战友的悲痛心情，亲笔写下了一篇悼念十世班禅大师的文章:《深切怀念中国共产党的忠诚朋友班禅大师》。文章一开始就说："班禅额尔德尼·确吉坚赞大师因心脏病突发，溘然长逝，中国共产党失去了一位忠诚朋友，我失去了一位合作共事40个春秋的忠诚朋友。"

习仲勋对班禅大师的一生做了高度评价："班禅大师作为藏传佛教的杰出领袖，他热爱自己信仰的宗教；作为藏民族的优秀代表，他热爱自己的民族；作为伟大的爱国主义者，他热爱祖国；作为党的忠诚朋友，他热爱中国共产党。把爱教、爱民族和爱国、爱党完美地统一起来，这正是班禅大师一生的写照。"

作为老一辈无产阶级革命家、新中国的开国元勋，习仲勋对年轻的十世班禅大师关心备至、爱护有加，同时也严格要求，悉心指引和培养。习仲勋诞生于1914年，十世班禅大师诞生于1938年，两个人年龄相差24岁。年轻的班禅始终把习仲勋当作自己的知己、长辈、导师和革命道路的引路人，毕生怀着对习仲勋无比敬仰、尊重和爱戴的深情。习仲勋与十世班禅大师的友谊，是共产党的高级领导与民族宗教界上层人士肝胆相照、坦诚相见、风雨同舟、荣辱与共的典范和楷模。两位伟人心心相印、并肩奋斗，一起度过了新中国成立之初那段辉煌又艰难的岁月，为新中国的建设和发展事业做出了别人无法替代的重要贡献；在后来的岁月里，两位伟人又与伟大的祖国和人民一道，经受过磨难，经历过风雨，经受住了峥嵘岁月的考验。因此，这份伟大和无私的友谊，就更显得珍贵和崇高。严肃认真地回顾、总结这段不同寻常的历程，不仅具有重要的历史意义，更具有重要的现实意义。

2015年8月，习近平总书记在中央第六次西藏工作座谈会上指出："藏传佛教界有爱国爱教的传统，涌现出了十世班禅大师、喜饶嘉措大师这样的代表性人物。绝大多数藏传佛教僧众是拥护中国共产党的领导和社会主义制度的，是拥护祖国统一、民族团结的。"一年之后，2016年8月，习近平总书记在视察青海时进一步指出："藏族是青海最大的少数民族，要重视做好藏族工作和藏传佛教工作。青海的藏族为整个藏族作出了杰出贡献，宗喀巴大师、十世班禅大师都是青海人，是青海的骄傲。"

回首伟大的先辈们的奋斗故事，知古鉴今，我们应该更好地发扬先辈的光荣传统，奋发图强，努力以习近平新时代中国特色社会主义思想为指导，不断弘扬十世班禅大师创立的爱国爱教的宝贵传统，全心全意维护祖国统一、加强民族团结，坚持我国宗教中国化方向，积极引导宗教与社会主义社会相适应，提高宗教界自我管理水平，提高宗教事务治理法治化水平，努力开创宗教工作新局面，更好地组织和引导信教群众，爱国爱教，同心同德，为全面建成社会主义现代化强国、实现中华民族伟大复兴的中国梦而团结奋斗。

附录四

青藏高原的一片慈光

记我所敬仰的噶尔哇·阿旺桑波活佛

徐鲁

一

大约2000年的时候，在中国社会科学院哲学研究所工作的佛教因明学专家和逻辑学学者刘培育先生，亲笔题赠给我一部名为《因明研究》的学术著作。这是我平生第一次知道，世界上还有这样一门冷僻的学问叫作“因明学”。惭愧的是，我当时对这门学问一无所知，刘先生惠赠的这部书我也读不大懂，只是从书中略微知道了一点常识：因明，意指探究原因的学问，也被称为“佛家逻辑”，起源于古印度，在公元7世纪时，由创立“唯识宗”的玄奘法师传入中国，一度曾十分盛行，此后几经起伏，最终成了一门“绝学”。20 世纪 80 年代初期，因明学的研究才渐渐复苏，但仍被中国社会科学院作为“绝学”而列入“特殊学科建设工程”。刘先生在他的书中告诉我们，因明虽源于古印度，但传入中国后，成了中华优秀文化遗产的组成部分；因明虽是佛家逻辑，却又不为佛教所独有；它既是史学，又是哲学；它不仅在我国，乃至全世界，仍然具有重要的文化传承价值。然而遗憾的是，偌大的中国，有兴趣并有一定的专业背景，能够去深入研究这门学问的人，可谓凤毛麟角。我看到，刘培育先生赠给我的这部精装本的《因明研究》，全部印数也只有区区 839 册。因明学之被称为“绝学”，由此也可见一斑了。

2016 年 5 月 18 日至 22 日，应尼泊尔政府、尼泊尔文化旅游与民航部以及蓝毗尼开发委员会邀请，中国佛教协会副会长、尼泊尔中华寺方丈印顺大和尚，率领中国佛教代表团前往尼泊尔，出席在加德满都和蓝毗尼举行的佛陀 2560 周年诞辰庆典暨 2016 年世界佛学论坛，我作为代表团工作团队成员随行。正是这次尼泊尔之行，我有幸结识了来自青海省藏语系藏传佛教高僧噶尔哇·阿旺桑波活佛。

5 月 20 日夜晚，是佛祖释迦牟尼诞辰前夜，也是农历月半之夜。蓝毗尼圣园里点燃了万盏灯火，来自世界各地的数万名佛教信徒，皆赤足踏进圣园，手捧心灯，缓缓列队，绕园而行，向着慈悲的佛祖诞生的圣地，献上了心中的敬仰。印顺大和尚也带领中国佛教代表团的诸位活佛、高僧、法师和来自中国的信众，手捧莲花灯盏，赤足迈进圣园，缓缓地绕园而行……

绕园之后，所有人肃立在阿育王石柱前，一一焚香致敬。此刻，蓝毗尼圣园里明月当空，清风徐来，天地一片澄明。据说，往常这个季节，蓝毗尼早已炎热得如同蒸笼一般，可是，此夜的蓝毗尼圣园，竟是百年罕见的凉风习习之夜，就连十分熟悉蓝毗尼气候、在中国驻尼泊尔大使馆工作的几位先生，也不禁称奇。最后，大家来到传说中释迦牟尼成佛时坐过的那棵古老的菩提树下，席地而坐，聆听了印顺大和尚在菩提树下的开示。当此因缘殊胜之夜，印顺大和尚还特意邀请噶尔哇·阿旺桑波活佛，为大家诵经祈福。随着活佛慈悲的唱诵声音，远处不时吹来阵阵清风，吹动着古老的菩提树叶，发出金磬般的清音，恍若佛祖在天上的回应。活佛慈悲而悠长的声音回响在蓝毗尼圣园晴朗的夜空里，也萦绕在灯光映照的千年菩提树间。斯时斯地，此情此景，也只合用“因缘殊胜”四个字来形容了。

回国后，承蒙噶尔哇·阿旺桑波活佛慈悲海纳，把我视为自己的朋友，时常让他的助理观觉尖措发送一些有关藏传佛教的文字资料供我学习。我自己也找来噶尔哇·阿旺桑波活佛的部分著作，如《藏传佛教入门——速成之道》《帝师八思巴与元世祖忽必烈》，以及中央电视台拍摄、由他担任总顾问的大型历史文化纪录片《一代帝师八思巴》，还有别人写他的一些文章，一一拜读、观看了。这时候我才知道，原来这位活佛有着非凡出身和出家修行经历，而且还是一位鲜为人知的因明学学者。

噶尔哇·阿旺桑波活佛是青海省循化人，属于元朝帝师八思巴之弟益西迥乃后裔，其远祖系西藏萨迦昆氏家族。他是深受全国人民敬仰和爱戴的十世班禅大师的亲侄儿。他 13 岁就披上僧衣，出家修行，以十世班禅大师为自己的楷模，也受到了班禅大师耳提面命的谆谆教诲。少年和青年时代，他自愿舍弃了比较舒适的生活，几乎是以一种托钵流浪的方式，毅然踏上了一条苦修之路。在许多年间，这位少年僧人风餐露宿、披星戴月，任凭雨雪风霜吹袭着单薄的袈裟。那时候他的心中只有一个理想：不为自己求得任何安乐，只希望用自己坚定的脚步，一步步去缩短通往信念的距离，去求得能够接引众生的佛缘与正念。他先后在文都大寺、哲蚌寺、扎什伦布寺、拉卜楞寺、萨迦寺等著名藏传佛教寺院学习和修行多年，最终成为藏传佛教因明学一代高僧，并由十世班禅大师亲自任命为循化文都大寺第二十六代昆氏座主。

文都大寺是经元朝帝师八思巴法王授记，由第二任帝师亦怜真于公元 1272 年（元世祖至元九年）创建的，是青海最早的藏传佛教萨迦派寺院。文都大寺是十世班禅大师幼年受皈依戒学佛的祖庭，也是大师每次回乡修行传法的主要场所。历任“噶尔哇”均由萨迦昆氏家族世袭。现在，噶尔哇·阿旺桑波活佛还兼任青海省政协常委、中国佛教协会常务理事、青海省佛教协会副会长、西宁“千年古刹”宗喀大慈宏觉寺住持、中国逻辑协会因明学专门委员会副主任、班禅因明学院院长、青海省因明学会会长等职。

二

在此后的日子里，我又跟随印顺大和尚参加了好几次盛大的国际佛教会议和祈福法会，有幸数次在不同的场合见到了噶尔哇·阿旺桑波活佛。每次相见，对活佛又增加了一些了解。印顺大和尚也几次跟我讲道，噶尔哇·阿旺桑波活佛不愧为十世班禅大师的后人和传人，不仅修持谨严，信念坚固，而且苦研佛理，勤勉精进，佛教学问也做得甚好。

这一点大家有目共睹。活佛虽然社会活动繁多，有时要去祖国各地，甚至去国外参加一些佛教法会活动，但是无论走到哪里，他总是随身携带一个简单的包裹，里面装有八思巴法王和十世班禅大师法相，还有香炉、供品和日常做功课的经文。一旦安顿下来后，无论住在什么地方，哪怕住在只容得下一张床的小旅馆，他都要寻找到一个安静和清洁的空间，虔诚地摆好一直背在身上的那个“流动的供坛”，静静地打坐和默诵一些时辰。这是他时刻不忘的虔诚功课。

我曾经见过一张可能是活佛的追随者悄悄拍下的照片。好像是在北京白塔寺前面，虽然艳阳高照，但是活佛独自打坐在太阳底下，面前还是摆着那个“流动的供坛”，整个世界好像都顿时变得那么寂静、那么庄严。

正是因为这样一份心无旁骛、佛心坚固的大虔诚、大愿力，噶尔哇·阿旺桑波活佛历经十三载风霜雨雪，承受着各种孤独和艰难困苦，一点一点地寻求帮助，积累着力量，终于在十世班禅大师的故乡循化朵思麻文都驿城内，圆满地重建了举世闻名的“世界吉祥万佛塔”。

说起这座佛教圣塔的历史，真是有些漫长了。公元 1272 年，奉一代帝师八思巴法王之命，他的弟弟亦怜真在当时的安多地区（今青海循化县文都乡）兴建了青海境内的藏传佛教寺院——文都大寺。同时，帝师亦怜真兄弟朵思麻本钦·益西迥乃，又在先前八思巴当初受比丘戒之地，建造了一座祈求世界和平、永久熄灭战乱的“世界吉祥万佛塔”。后来，这座古塔历经数百年风雨沧桑，终遭损毁。2004 年初春时节，噶尔哇·阿旺桑波活佛发心倡议重建，至 2016 年 8 月 10 日终于圆满竣工。

重建的世界吉祥万佛塔，仍然采用藏传佛教密宗坛城的造型，且全部以藏族传统建筑工艺建造而成，高 60 米，宽 57 米，佛塔主体分为内、中、外 3 层，塔内有地宫 5 层，塔身四面共设 108 个门、128 座大小佛殿。这些不同的佛殿里共供奉有 1 万尊各种佛、菩萨、本尊佛、护法神、财神等铜质塑像，以及《甘珠尔》《丹珠尔》等藏传佛教传承典籍和经书 1 万册（函）。这座世界吉祥万佛塔经上海大世界基尼斯总部考核认定，被授予“大世界基尼斯之最记录——最大的藏式传统佛塔建筑”称号，并正式颁发了证书。

2016 年 8 月 10 日，正是青海高原上美丽的格桑花盛开时节，为纪念一代帝师八思巴、纪念德高望重的十世班禅大师而举行的世界吉祥万佛塔重建竣工落成和开光祈福盛典，在循化文都驿城隆重举行。我有幸躬逢其盛，作为印顺大和尚率领的汉传佛教僧团的工作人员，来到了循化。前来参加此次庆典的，还有来自南传上座部的提卡达希法师率领的南传佛教的一个僧团。当然，来自藏传佛教传承语系的活佛、喇嘛等高僧大德和信众们，更是不计其数。此举被誉为藏传佛教诞生 1300 年以来，藏传佛教与汉传佛教、南传佛教三大语系的高僧大德们第一次一起在西北地区共同举行祈福法会，显示了在这个伟大的盛世，中国佛教三大传承语系之间相互尊重、交流与同心同德的和谐局面。许多媒体都盛赞说，这种局面在过去的年代里从未出现过。

风霜雨雪，柳色秋风。世界吉祥万佛塔是噶尔哇・阿旺桑波活佛心中一个美丽的梦想，是他心心念念、以心血和信念建成的一座“心愿之塔”。一向平静持重、不苟言笑的活佛，在庆典致辞时禁不住感慨万千，数度哽咽。印顺大和尚在庆典致辞中也说过一番话，使在场的所有人都感同身受：“噶尔哇・阿旺桑波活佛心怀大愿，殚精竭虑，付出了漫长的十三年辛苦和愿力，终于圆满了重建世界吉祥万佛塔这份足可告慰先贤，亦将泽被后世的大功德。噶尔哇活佛在重建佛塔过程中的每一步艰辛，还有重建过程中所承受的那些不为人知的孤独、委屈与痛苦，并非常人所能想象和理解，没有一种坚定的发心和宏大的愿力，是不可能在那么偏远和艰苦的地方完成这一非凡壮举的。”

三

世界吉祥万佛塔落成庆典那天，我趁着午餐后休息的时间，轻轻走进了噶尔哇·阿旺桑波活佛发心创建并亲任院长的班禅因明学院。

怀着一种敬重和钦慕的感情，我走进安静而洁净的教学楼每一间教室，参观了学员们听讲、诵经的课堂，也参观了他们简单朴素却同样是一尘不染的宿舍。这些在雪域高原上生活、学习和修行的出家人，所使用的生活用品，真是简单到不能再简单了。而每一样朴素的生活物品，似乎都在无声地提醒这些修行者：在这里，你必须摒弃一切物质和享受的欲念；在这里，你最好的享受就是平静地、清晰地认识你自己的内心世界……

一位年轻的僧人告诉我，教学楼和宿舍都是噶尔哇·阿旺桑波活佛克服重重困难，四处奔波化缘，聚集起雪域高原上各界的无私捐助，一块砖、一扇门、一间课堂，一点一滴地创建而成的。他们上课使用的教材，也是活佛亲自参与制定和编写的。因明学虽然一直是一门冷僻和寂寞的学问，被公认为“绝学”，但是在噶尔哇·阿旺桑波活佛心中，它是藏传佛教的“原典之学”，是藏族传统文化中的瑰宝，也是中华优秀传统文化中宝贵的佛教遗产之一，因明学里闪耀着古老的东方智慧和中华文明之光，可以帮助人们摆脱生命中的黑暗与迷茫，更清晰地照亮人的内心世界。

“因明学是藏传佛教一门不可或缺的修行功课，能够帮助更多的人战胜烦恼和痛苦，获得光明和快乐。”噶尔哇·阿旺桑波活佛说：很多人喜欢到寺庙拜佛，求佛与菩萨保佑，因明学可以让人们更清醒地懂得，佛与菩萨不能赐给我们所需要的一切，我们的一切是由我们的“因缘”来创造的，而因缘就是每个人的往昔所为。我们想要得到幸福、快乐和光明，就要去积聚更多的能够产生幸福、快乐和光明的“因”，在自己的能力范围内，尽可能地去多做好事、多行善举，不起丝毫伤害他人和贪念一己的私利之心。

曾有一位追随者好奇地询问噶尔哇·阿旺桑波活佛：您13岁就穿上袈裟，一直在苦行清修，其中的动力源自哪里呢？对此，活佛淡淡地说道：“请你想想，整个青藏高原上，自然环境这么恶劣，为什么千百年来会出现那么多高僧大德？其实，因明学在这里起到了不可忽视的作用。因明能够让人认识到人身的宝贵，懂得生命的价值，从而为生命树立起一个远大而崇高的信仰目标。这种信仰的力量，能够帮助你克服和超越任何物质的匮乏与环境的艰难，给你带来心灵深处的幸福和平静。只有心底的平静，才有助于接近佛法以及世间万法之根本。所以佛陀说，‘吾为汝说解脱法，当知解脱依自己’。佛教的殊胜之处，就在于它从不强求，从不‘收买’信徒”。活佛说，释迦牟尼佛在世时，从来不以壮大佛教僧俗群体为目标，而只是希望众生“远离颠倒梦想，究竟涅槃”。

正是因为对佛陀的胸怀和智慧有了清晰和准确的认知，有了坚定的信念，所以，身披深红色袈裟的活佛无论行走在哪里，哪怕是出入在数千人的嘈杂和熙攘的豪华宴会厅，他都总是如同一泓平静和明净的秋水，安坐一隅，自带一种仁慈、庄严和圣洁的光芒。

四

不久前，噶尔哇·阿旺桑波活佛花费了数年时间，在做了大量的史料寻找、搜集、考证和研究工作的基础上，完成了一部新的著作《宗喀大慈宏觉寺——唐蕃古道上的千年古刹》。

2016 年 9 月在西宁期间，我曾跟随印顺大和尚朝拜过宗喀大慈宏觉寺。这座古老的寺院隐藏在一片民居深巷里，却如陋巷弦歌一般，慈音远播，泽被四方。它是大西北雪域高原上的一座千年古刹，也是“一带一路”上的一颗珍贵明珠，更是藏传佛教僧人和信众们心中圣洁的朝拜之地。

说起这座古寺的历史，又是一个十分遥远的故事了。一千多年前的公元 7 世纪，吐蕃赞普松赞干布迎请文成公主入藏。当时，文成公主身边带着一件极其珍贵的“陪嫁”：一尊佛祖释迦牟尼 12 岁等身像（即今天供奉在拉萨大昭寺的觉卧佛像）。这尊佛像是古印度国王达磨波罗赠送给唐朝皇帝的，也是唐朝皇宫里的一尊稀世珍宝。进藏途中，文成公主一行在属于阿夏领地的青唐地区（即今天西宁宏觉寺原址）滞留和等待了长达一个多月时间。在此期间，公主让人垒筑了一处土建的宝座，用来供奉和祭拜释迦牟尼佛像。公元 10 世纪时，藏传佛教高僧喇钦·贡巴饶赛，正是在文成公主当初的土建宝座原址上，建成了宗喀大慈宏觉寺。到了北宋时，宗喀王建立政权，筑成青唐城（今西宁市）。

从此，宏觉寺就成了宗喀王供奉的家庙，因此，史上素有“先有宏觉寺，后有青唐城”之说。

噶尔哇·阿旺桑波活佛编著的这本书，以一千多年来的历史进程为经线，以历朝历代围绕着这座寺院及其周边所发生的大事件为纬线，去伪存真，删繁就简，把一座千年古刹的此消彼长、由兴而衰最终又获得新生的全过程，以及这座寺院不朽的历史功绩和一些鲜为人知的故事细节，全面、客观地做了一番梳理，并清晰地呈现在了读者面前。它既是一部深入浅出的大历史学著作，也是一部以一座寺院的历史为叙事线索的佛教史话，同时也是一部讲述藏传佛教高僧大德们爱国爱教、心系国家，以维护国家安定统一和各民族兄弟姐妹团结统一为重的爱国主义故事的励志之书。

从这本书中我们看到，在藏传佛教历史上，历代爱国爱教的达赖、班禅和“国师”级的高僧大德们，都有过不远万里踏上圣途、进京朝觐中央政府的壮举。这其中也包括住持在宗喀大慈宏觉寺的“国师”。明朝时，宗喀大慈宏觉寺住持札思巴锁南被封为“国师”，多次进京朝觐。公元1412年（明永乐十年），永乐皇帝曾敕赐寺名“弘觉寺”。还有三世达赖喇嘛、五世达赖喇嘛，也都曾途经该寺，在此讲经弘法。1779年（清乾隆四十四年），六世班禅应乾隆帝邀请东行，途经青海时，先后在塔尔寺和宏觉寺驻锡了5个月之久，乾隆皇帝因此把宏觉寺赐予六世班禅。从此，宏觉寺成为历代班禅大师驻锡青海的主要弘法道场，也是大西北雪域高原上的高僧大德和地方官员商谈重大政教事务的重要场所。

中华人民共和国成立后，宗喀大慈宏觉寺也再次获得新生。

1951年12月，中央西北局书记、西北军政委员会副主席习仲勋同志专程来到青海西宁，为十世班禅首次赴藏送行。两位伟人在宏觉寺详谈赴藏事宜的那个房间，至今还保留着原来的陈设样式。那天，噶尔哇·阿旺桑波活佛引领印顺大和尚一行去参观两位伟人谈话的那个房间时，我也有幸在场。正如大和尚所言，走进这个朴素的禅房，想象着那伟大的历史性一幕，我们好像依然能够感觉到两位伟大的前辈留下的温暖气息，感受到他们在漫长的岁月里缔结起来的伟大友谊与共同的智慧和愿力，依然没有离开我们，依然在护佑着大师的故乡和我们祖国的辽阔土地，依然在悲悯和加持着世间众生与万物。

本书所讲述的习仲勋同志与十世班禅大师的伟大友谊故事，不仅是宗喀大慈宏觉寺历史上最辉煌的一幕，也是这本书中浓墨重彩、呈现着作者强烈的爱国爱教情怀的重要内容。两位伟人在漫长岁月里缔结的不存芥蒂的伟大友谊，尤其是当两人都身处逆境，却仍然共赴危艰，与国家和民族同生死、共命运，不忘初心、敢于担当的崇高品格和广阔胸怀，真是令人感动，令人不由得心存无限敬仰与缅怀之情。

噶尔哇·阿旺桑波活佛曾经说过：从小到现在，十世班禅大师的谆谆教诲，一直萦绕在他的心头，时刻都提醒着他、勉励着他，要做一个爱国爱教的僧人。他说，祖辈先贤为我们留下了辉煌灿烂的精神遗产，作为传承者和接班人，我们即使再苦再难，也应该发扬先贤的智慧精神，把历史赋予的使命承担好、传承好。在活佛撰写的这部书中，我们也能真切地感受到那种爱国爱教、心系国家，弘扬十世班禅大师热爱祖国、维护国家统一和民族团结的“四热爱”精神，宣传中华民族大家庭同心同德、同愿同行，坚定不移地走中国特色社会主义道路的爱国情怀。从 20 世纪 90 年代开始，宗喀大慈宏觉寺就被青海省人民政府批准为省级重点文物保护单位。2004 年 5 月，青海省佛教协会又授命噶尔哇·阿旺桑波活佛主持管理这座有着光荣历史和不朽功绩的寺院。活佛不负众望，就像重建世界吉祥万佛塔一样，又付出了十来年的时间，发大心愿，四方奔波，终于把古老的寺院修葺一新，让这座“一带一路”上的千年古刹，仿佛浴火重生的凤凰，再次以其庄严、圣洁的面貌重新屹立在雪域高原上，屹立在青海人民和全国人民面前！噶尔哇·阿旺桑波活佛说得好：焕然一新的宗喀大慈宏觉寺，将不仅仅是一座供人朝圣的佛教寺院，也是继承和弘扬藏族优秀传统文化，向全国人民和来自世界各地的朝拜者与游人讲述新中国开国元勋习仲勋等老一辈革命家与十世班禅大师伟大的友谊，讲述十世班禅大师非凡的生平故事，弘扬大师的崇高精神，促进中华民族大家庭的团结、和谐、繁荣昌盛的爱国主义教育传承基地。

是的，中华民族生生不息、绵延发展，虽饱受挫折却又能不断浴火重生，把自己的坚强、伟大以及智慧与美丽，展现在全世界面前。古老的宗喀大慈宏觉寺，不正是一个最形象的缩影吗！

2018 年 2 月 12 日，农历春节前

附录五

巍巍高原古寺　浓浓中华情融

西宁宏觉寺镌刻各民族交往交流交融印记

（2024-06-21）稿件来源：新华每日电讯　草地周刊

本报记者江毅　央秀达珍　周盛盛

走进位于青海省西宁市城中区的宏觉寺街，一座金顶红墙的汉藏融合风格寺院映入眼帘，在高原阳光的照射下，寺院的金顶闪耀着光芒，小广场上的五星红旗随风飘扬。寺院殿宇壮丽、林园幽静，是闹市中心的一方净土。香炉内，桑烟袅袅，大殿内不时传出海螺声。

宏觉寺，全称为“宗喀大慈宏觉寺”。“宗喀”地区在藏族文化中指湟水河谷地区。河湟地区的中心城市西宁市，是青藏高原的东方门户，古丝绸之路南道和唐蕃古道的必经之地，自古就是西北交通要道和战略要地，素有“海藏咽喉”之称。

千百年来，宏觉寺在高原古城静静矗立，见证了唐蕃古道的恢宏繁盛，聆听过丝绸之路的车马辚辚，飘扬着茶马古道上的悠悠茶香，更镌刻下汉、藏、蒙古等民族千年交流的辉煌历史和团结印记。

在五千多年的中华民族历史长河中，农耕文明的勤劳质朴、崇礼亲仁，草原文明的热烈奔放、勇猛刚健，海洋文明的海纳百川、敢拼会赢，源源不断注入中华民族的特质和禀赋，共同熔铸了以爱国主义为核心的伟大民族精神。从文成公主进藏地到千年古寺，循着历史的脉络和足迹，宏觉寺一幅幅不同历史时期的照片，共同组成各民族广泛交往、全面交流、深度交融的中华民族大团结壮美画卷。

从文成公主进藏地到千年古寺

唐蕃古道横贯中国西部，跨越举世闻名的“世界屋脊”，是古丝绸之路上的交通要道，也是唐代以来去往西藏的必经之路。汉藏群众、唐蕃使臣沿着唐蕃古道密切交往、相互往来、频繁贸易，古道迅速兴盛起来，成为一条站驿相连、商贾往来的交通大道。至今，古道经过的许多地方仍然遗留着曾经修建的驿站、城池、村舍、古寺，传承着各民族世代创造的灿烂文化，讲述着各民族交往交流交融的故事。

“宏觉寺见证了各民族相互交流与融合，对汉藏文化交流与民族团结起到重要作用。”青海师范大学马克思主义学院书记李姝睿教授表示，宏觉寺是唐蕃古道上以青唐驿站为中心建造的古老寺院，是汉藏各民族高僧大德共同创建的弘法道场，也是历代中央政府与青藏地区联系的桥梁纽带。

宏觉寺为藏传佛教格鲁派寺院。其缘起可追溯到汉藏民族历史上最广为人知的那一次“牵手”。公元641年，文成公主与松赞干布联姻，途经西宁时，修建了一处土坛用作供奉释迦牟尼佛十二岁等身像的宝座。

公元9世纪中叶，著名的“三贤哲”从西藏辗转来到地处青海河湟地区的丹斗寺等地隐居修行，与甘肃炳灵寺果望、静闻两位汉传佛教大和尚共同授戒并培养了喇钦·贡巴饶赛大师。喇钦·贡巴饶赛在文成公主当年土坛遗址上创建了宏觉寺。后来，“三贤哲”与喇钦·贡巴饶赛在青唐城（今西宁）精心授戒并培养了“卫藏十智者”。他们学成后将藏传佛教从青海逐渐传播至整个西藏地区，推动了藏传佛教中国化进程。

北宋时期，唃厮啰地方政权筑成青唐城，将寺院供奉为家庙，因此也有“先有宏觉寺，后有青唐城”之说。元代著名的藏传佛教萨迦派高僧萨迦·班智达贡噶坚赞到此弘法。经过3年跋山涉水从西藏走到凉州（今甘肃武威），他于1247年与阔端王在凉州举行了一场影响深远的会盟，史称“凉州会盟”。

据《西宁府新志》载：“在城南门内，旧名‘妙华庵’，洪武二十三年（1390年）建，永乐十年敕赐额曰‘弘觉’。”这表明该寺在明代前期颇受朝廷重视。清乾隆年间，六世班禅应乾隆皇帝邀请东行，驻青海塔尔寺和宏觉寺长达5个月之久。从此，宏觉寺成为历代班禅大师在青海的驻锡地。

中国藏学研究中心宗教研究所研究员陈立健介绍，宏觉寺观音殿的两根大梁上都有明朝时期的重要文物题记，其中一根大梁上的题记时间分别为永乐十一年和宣德二年。通过题记所示年代和内容来看，大殿明清时多次进行修复，明代朝廷派出太监主持修建并有敕赐的金佛一尊，可见明朝廷对河湟地区藏传佛教寺院宏觉寺的重视程度。“清代汉藏等多民族对宏觉寺修复作出很大贡献，也从侧面生动体现出明清以来河湟地区文化交往交流交融的历史场景。”陈立健说。

见证藏传佛教爱国爱教传统

抗日战争时期，九世班禅和五世嘉木样活佛为抗日捐赠36架飞机和30万银元，他们的爱国义举深深感染和鼓舞了生活在青海和西藏的各族人民，积极推动社会各界抗日行动，展现了藏传佛教界人士爱国爱教的精神风貌。

1951年4月，十世班禅从宏觉寺出发，进京参加关于和平解放西藏的《十七条协议》的签订仪式。4月22日，途经西安时，受到老一辈革命家和西北军政代表的热烈欢迎。同年5月，《十七条协议》成功签订之后，十世班禅从北京返回宏觉寺并准备进藏。

当年12月，在老一辈革命家关心下，十世班禅一行从西宁起程返藏。宏觉寺正是这趟重要行程的出发地。1952年4月，十世班禅一行历经4个多月长途跋涉到达拉萨，并于当年6月返回扎什伦布寺，登上了历代班禅大师的宝座，举行了盛大坐床仪式。十世班禅回到西藏以后，始终不渝地为维护祖国统一、增强民族团结，为促进西藏内部的团结，进行了坚持不懈的努力，作出了重大贡献。

青海省民族宗教事务委员会党组书记、主任吴德军说，进入新时代，宏觉寺始终坚持藏传佛教中国化方向，不断挖掘和充实藏传佛教中国化的时代内涵，引导各族信教群众不断增进对伟大祖国、中华民族、中华文化、中国共产党、中国特色社会主义的认同。2021 年 12 月宏觉寺被授予“青海省民族团结进步教育基地”称号。

这座千年古寺，见证了藏传佛教爱国爱教的传统。宏觉寺民主管理委员会负责人噶尔哇·阿旺桑波说，宏觉寺历来都有爱国爱教的优良传统，同时坚定不移维护祖国统一、社会稳定、民族团结和宗教和睦。

2020 年 5 月，噶尔哇·阿旺桑波带领宏觉寺僧人，花费两个月时间重走十世班禅进藏路线。“我们就是要教育引导僧人和广大信教群众，深刻感悟十世班禅临危受命、勇挑重担，为建设社会主义新西藏做出的艰辛努力。”噶尔哇·阿旺桑波说。

延续历史文脉

历史上，宏觉寺由于地处闹市，一度面临损毁风险。20 世纪 60 年代，西宁一印刷厂迁入宏觉寺并在原地修建一栋职工住宅楼、车间和两栋办公楼。由于保护措施不到位，宏觉寺部分建筑损毁严重，前香厅年久失修，导致屋面塌陷，立柱下沉倾斜，山墙、门窗严重损毁。不仅存在严重的安全隐患，寺院内一些珍贵的历史文物也未得到妥善保护。

传承文化不是要简单复古，城市建设会不断融入现代元素，但必须同步保护和弘扬传统优秀文化，延续城市历史文脉。

2020 年 6 月，青海省西宁市城中区人民检察院开展“国有文物保护检察公益诉讼专项监督活动”时，发现宏觉寺保护不当的问题。之后，检察部门通过立案调查、召开听证会等方式，推动政府相关部门开展印刷厂搬迁、企业安置补偿、宏觉寺文物及建筑修缮等工作。如今，宏觉寺所有修缮工程已全部竣工。在多方努力下，这座古寺历经千年风雨，正焕发出新的生机。

宏觉寺总占地面积 4318 平方米，寺院内文物有班禅行宫殿、释迦殿、护法殿等建筑。在宏觉寺，至今还保存着完好的元明清时期的藏文古籍。“文化认同是最深层次的认同，是民族团结之根、民族和睦之魂。”李姝睿表示，要充分挖掘和运用地方优秀文化传统，培育中华民族共同体意识，建设各民族共有精神家园。

走进宏觉寺大殿的中华文化书屋，一排排书籍整齐摆放在书架上。噶尔哇·阿旺桑波介绍，书屋是青海省总工会和青海省民宗委于 2022 年共同打造的，共有书籍 5000 余本，寺院充分利用中华文化书屋，推广国家通用语言文字，引导僧人勤奋学习、学修并进，不断推进藏传佛教与社会主义社会相适应。

行走在宏觉寺街，大型商超人头攒动，街头小店叫卖声此起彼伏，各族群众和谐相处。这里也正成为古城西宁与藏传佛教寺院休戚与共、汉藏民族交流交往交融的生动实践和最佳例证。

与城市同向而行

铸牢中华民族共同体意识是民族地区各项工作的主线。宏觉寺所在的仓门街街道辖区总面积 1.4 平方公里，由 75 个楼院组成。街道总人口超过 1.5 万人，有汉、藏、蒙古、回等 14 个民族聚居。

仓门街街道党工委书记、办事处主任解婧说，根据辖区少数民族聚居特点，街道结合“民族团结宣传月”“法治宣传月”“平安寺院建设宣传月”等主题活动，组织各民族党员干部用少数民族群众听得懂、听得进去的语言，不断夯实铸牢中华民族共同体意识的思想基础。

“我们依托便民服务热线、‘红爱满仓’服务站、‘院小二’志愿服务队等多方力量，将社区服务触角延伸到每个楼院，从矛盾化解、政策落实、帮扶救助等方面构建起上下联动、同心同向、分级负责、齐抓共管的民意收集、为民服务工作体系。”解婧告诉记者，截至目前，街道办事处收集处理各类社情民意 367 起，成功调处化解矛盾纠纷 54 起，推动各民族群众融洽相处。

见到狄祥旭时，他正在寺院检查消防设备。狄祥旭作为仓门街街道办事处在宏觉寺的驻寺干部，他日常的主要工作就是协助宏觉寺开展寺院管理、促进周边社区与寺院交流共建。“我们街道办事处发挥自身作用，帮助寺院加强文物保护，并为僧人们提供必要的帮助。同时，寺院也积极引导信教群众参与社区共治，维护社区和谐稳定。”狄祥旭说。

小德川流，大德敦化。如今宏觉寺与周边社区齐心协力，积极引导藏传佛教与社会主义社会相适应，促进宗教和顺、社会和谐、民族和睦，寺院与这座城市相向而行，携手共同铸牢中华民族共同体意识。

千年古寺，澎湃时代新潮。历史上，宏觉寺曾见证西宁作为唐蕃古道重镇的繁荣。而如今，作为一座有着 248 万常住人口、70.51 万少数民族人口的高原之城，西宁已成为全国省会城市中首个全国民族团结进步示范市。

携手共促民族团结

在仓门街街道前营街社区，社区各族群众共同参演的舞蹈《山丹丹开花红艳艳》正在上演，精彩的表演引来台下观众的阵阵掌声和欢呼声。社区的另一边，同样挤满了围观群众，在一张张桌子上，有人正挥毫泼墨、有人在提笔作画。笔墨间，淋漓尽致地展现了中华优秀传统文化和祖国的大好河山。

为促进社区各民族群众交往交流交融，仓门街街道党工委和前营街社区党委联合举办丰富多彩的“石榴籽”邻里文化大集活动。社区邀请辖区各族群众欢聚一堂，看演出、做游戏、话家常，共享文化盛宴、共话民族情深。“邻里文化大集活动让我们体会到了传统文化的魅力，各民族群众各展所长，贡献出许多精彩节目，既丰富了大伙儿的业余生活，也增进了我们彼此的感情。”社区居民徐明笑着说。

前营街社区党委书记张若蕾告诉记者，社区党委正在谋划开展更多丰富多彩、灵活多样、各族群众喜闻乐见的文化活动，拉近各族群众之间的距离，促进邻里和谐，构筑中华民族共有精神家园。西宁市委统战部相关负责人介绍，以建设“石榴籽家园”为抓手，西宁把社区作为推动民族团结进步工作的主阵地，累计打造了 234 个“石榴籽家园”。

一个个“石榴籽家园”，让社区各族群众积极营造各民族团结进步新风尚，共同构筑各民族共有精神家园，促进各民族交往交流交融。同时，随着青藏高原交通网络建设不断提速，雪域高原发展动能澎湃，西宁市作为青藏高原上第一大城市日益繁华。宏觉寺也早已融入这座古城的基因，见证这座高原之城以崭新姿态迈入新时代。

青海，多民族聚居、多宗教并存、多文化交融，自古就是多民族互助共生、和谐相融的热土。作为全国少数民族人口占比最高的省，人与自然的交响，文明的碰撞与融合，各民族休戚与共、荣辱与共、生死与共、命运与共，从未在青海这片土地上停歇。

在漫长的历史进程中，青海各民族守望相助、和睦共存，形成“各美其美、美美与共”、谁也离不开谁的命运共同体。“民族团结在青海具有悠久的历史传承，是深入骨髓的精神基因，是各族人民倍加珍惜的生命线。”吴德军说，我们将铸牢中华民族共同体意识，促进各民族交往交流交融，推动各族群众逐步实现在空间、文化、经济、社会、心理等方面的全方位嵌入，促进各民族像石榴籽一样紧紧抱在一起。

这座青藏高原上的千年古寺，见证了民族团结进步的历史，在新时代正在见证着铸牢中华民族共同体意识的新篇章。“宏觉寺将继续发扬藏传佛教爱国爱教光荣传统，积极引导藏传佛教与社会主义社会相适应。”宏觉寺民主管理委员会工作人员观觉说。

金碧辉煌的寺院周围环绕着高低不一的居民楼，与寺院连接的宏觉寺街上车辆川流不息，外卖骑手来回穿梭……从空中俯瞰，宏觉寺与附近的社区相互交融、浑然一体，续写着高原地区各族群众手足相亲、守望相助、团结一心、共同奋斗的故事。

后 记

2021 年是十世班禅大师返回他的驻锡地西藏日喀则扎什伦布寺 70 周年，这是一件具有重要意义的事情。

为了纪念这个有意义的日子，十世班禅大师的侄子、西宁宏觉寺住持噶尔哇·阿旺桑波活佛早在几年前就开始做了大量有意义的工作。他率领他的弟子和西宁宏觉寺的僧众，沿着当年十世班禅走过的路，从西宁宏觉寺经兰州、西安到北京。经探寻和考证，找到了 1951 年 4 月少年班禅第一次到北京时下榻的地方畅观楼。这是一个有意义的发现。然后又沿着少年班禅的足迹，从北京，经西安、兰州返回西宁宏觉寺。接着，于 2020 年，噶尔哇·阿旺桑波活佛和他的弟子们不辞辛劳，从西宁宏觉寺出发，到历代班禅的香火地香日德，经果洛玛多、玉树曲麻莱、通天河渡口，翻越唐古拉山，到藏北草原，再到拉萨，最后到达扎什伦布寺，圆满完成了这次寻路之行。

在十世班禅大师短暂而辉煌的一生中，有一位老一辈无产阶级革命家与他亲密团结，关爱有加，肝胆相照，荣辱与共，风雨同舟，患难相助。他就是老一辈无产阶级革命家习仲勋同志。习老习仲勋同志与十世班禅大师之间的相识、相知、相交、相敬、相惜，堪称我国统战工作和民族宗教工作中的一个典范。在两位长达四十年的交往过程中，始终以诚相待，情谊深厚。习仲勋与十世班禅的友谊，就是从西宁宏觉寺开始的。

1988年，青海省人民政府将西宁宏觉寺定为省级重点文物保护单位。

2015年8月，习近平总书记在中央第六次西藏工作座谈会上指出："藏传佛教界有爱国爱教的传统，涌现出了十世班禅大师、喜饶嘉措大师这样的代表性人物。绝大多数藏传佛教僧众是拥护中国共产党的领导和社会主义制度的，是拥护祖国统一、民族团结的。"

2016年8月，习近平总书记在视察青海时，进一步指出："藏族是青海最大的少数民族，要重视做好藏族工作和藏传佛教工作。青海的藏族为整个藏族作出了杰出贡献，宗喀巴大师、十世班禅大师都是青海人，是青海的骄傲。"

今天，西宁宏觉寺不仅成为西宁市区独一无二的朝佛圣地，共融了藏传佛教五大教派，成为促进藏汉民族交往交流交融、团结和谐、铸牢中华民族共同体意识体现的宗教文化活动场所，也继承和弘扬中华民族优秀传统文化，坚持藏传佛教中国化的发展方向，广泛宣传藏传佛教与社会主义社会相适应，高举爱国爱教旗帜的爱国主义教育传承基地。

本书对噶尔哇·阿旺桑波活佛和他的弟子们这次艰难而有意义的寻路经过作了介绍。噶尔哇·阿旺桑波活佛后组织熟悉情况的有关同志撰写文章，详细记述了十世班禅返回故乡的经过及其重大意义。遂完成本书的编写工作。读者可以从这本书中看到，少年班禅与西宁宏觉寺有着密切联系，对于少年班禅的成长，西宁宏觉寺曾经产生了重要影响。

这是一本有历史意义和现实意义的书。关心十世班禅、关心当代西藏问题的人，可以通过本书，从一个侧面，从一个历史的重要节点，看到一个真实的班禅大师，对十世班禅大师光辉的一生，会有更多更全面的了解。

我们要认真学习和研究、弘扬两位伟人的丰功伟绩，深入推进我国宗教中国化，更好组织和引导信教群众同广大人民群众一道为全面建成社会主义现代化强国、实现中华民族伟大复兴的中国梦而团结奋斗。

降边嘉措

2021 年 12 月 8 日于北京

图书在版编目（CIP）数据

宗喀大慈宏觉寺：唐蕃古道上的千年古刹 / 噶尔哇·阿旺桑波编著．-- 北京：中国藏学出版社，2024．8．-- ISBN 978-7-5211-0546-9

Ⅰ．B947.244.1

中国国家版本馆 CIP 数据核字第 2024KU4222 号

宗喀大慈宏觉寺：唐蕃古道上的千年古刹

噶尔哇·阿旺桑波　编著

出 版 人　洪　涛
责任编辑　郭晓斐
装帧设计　海龙视觉
出版发行　中国藏学出版社
社　　址　北京市朝阳区北四环东路 131 号
印　　刷　中国电影出版社印刷厂
版　　次　2024 年 8 月第 1 版
印　　次　2024 年 8 月第 1 次印刷
开　　本　787 毫米 ×1092 毫米　1/16
印　　张　19
字　　数　220 千字
书　　号　ISBN 978-7-5211-0546-9
定　　价　78.00 元